U0541817

书山有路勤为径,优质资源伴你行
注册世纪波学院会员,享精品图书增值服务

管理改进系列丛书

管理的逻辑

高绩效组织的改进语言
（第2版）

丁晖 顾立民·著

电子工业出版社
Publishing House of Electronics Industry
北京·BEIJING

未经许可，不得以任何方式复制或抄袭本书之部分或全部内容。
版权所有，侵权必究。

图书在版编目（CIP）数据

管理的逻辑：高绩效组织的改进语言 / 丁晖，顾立民著. —2 版. — 北京：电子工业出版社，2022.9
（管理改进系列丛书）
ISBN 978-7-121-44252-0

Ⅰ.①管… Ⅱ.①丁…②顾… Ⅲ.①企业管理–研究 Ⅳ.① F272

中国版本图书馆 CIP 数据核字（2022）第 159999 号

责任编辑：杨洪军　　　特约编辑：田学清
印　　刷：北京七彩京通数码快印有限公司
装　　订：北京七彩京通数码快印有限公司
出版发行：电子工业出版社
　　　　　北京市海淀区万寿路 173 信箱　　邮编 100036
开　　本：720×1000　1/16　印张：16　字数：245 千字
版　　次：2017 年 9 月第 1 版
　　　　　2022 年 9 月第 2 版
印　　次：2025 年 9 月第 12 次印刷
定　　价：68.00 元

凡所购买电子工业出版社图书有缺损问题，请向购买书店调换。若书店售缺，请与本社发行部联系，联系及邮购电话：（010）88254888，88258888。
质量投诉请发邮件至 zlts@phei.com.cn，盗版侵权举报请发邮件至 dbqq@phei.com.cn。
本书咨询联系方式：（010）88254199，sjb@phei.com.cn。

第2版前言

本书自 2017 年出版发行以来，得到了众多来自企业、高校、政府及其他组织的新老朋友的关注和支持，同时，在各大发行渠道上也有许多读者给本书提出了不少意见和建议，我们都一一认真拜读并深度思考。加上经过了近五年的实践，我们 GPS-IE® 的家族又添加了更多的客户、学员和产品组合，特别是 2018 年上架的 IPP™（国际绩效改进师™）认证和 CID™（认证课程设计师™）认证，这些产品的进一步丰富也给理论的提升增加了众多实践素材。

在第 2 版中，我们在多个方面进行了优化。特别是在"目标 G：澄清战略目标"这一章，第 1 版重点讲解了"业务转型的四个阶段""业务的三大盈利模式""业务的驱动关系"等，第 2 版添加了"萌芽期的业务原型""起步期的销售突破""发展期的风险防范""成熟期的模式创新"等这几年新研发的内容。

在"一级问题 P1：关注绩效结果"这一章，重点阐述了经营和管理之间的关系，除了进一步定义"经营"和"管理"的概念，还引申了管理者所需要创造的四大价值，对理解管理者的分工提供了理论依据。在"三级问题 P3：界定关键活动"这一章，进一步描述了"动作"和"流程"的差异，突出了"动作"目的性的特点。

在"解决方案S：设计解决方案"这一章，对"虚拟运营""六度策略组合"等内容进行了升级。另外，对原因分析中关于数据的验证和策略的创新，也做了比较充分的补充。

"温故而知新"，我们自己在探索这套方法的过程中也常有"旧识出新知"的欣喜感，也经常从客户和学员的反馈中获得新的认知和体会。随着这套方法被不断地实践和普及，以及大家的共同参与和支持，本书的内容会逐步完善。管理的逻辑是大家共同的逻辑，我们希望大家未来都有更好的发展。

第1版前言

第二次世界大战以后，美国百废待兴，旺盛的需求大大刺激了国内经济，使其飞速发展，现代管理学亦飞速发展。日本励精图治，积极学习美国，创造了一些经济奇迹和神话；在管理方面，日本通过学习西方先进理念，亦形成了自己独特的管理方法，如丰田生产法、阿米巴、质量管理等。而我国改革开放40多年，亟待形成适合我国企业自身特点的管理理论来指导实践。

我们在长期的探索过程中，经常会被问到"管理到底是什么""哪种方法最适合我的企业"等这样的问题。我国的大部分企业都处在高速发展过程中，随着企业规模的扩大、人员的增多、资金压力增大等，企业管理者努力在寻找一种一贯到底、一劳永逸的管理机制和模式，让管理企业不再有那么多的烦恼，不再让人感到那么痛苦和焦虑，不再以管理者个人的巨大代价换取企业一时的成长，而要让管理者找回管理的幸福感。

管理有没有标准答案？管理是否存在一种严谨的逻辑？业绩增长到底有无规律可循？这一系列类似的问题，不断困扰着一代又一代的管理者和思考者。

GPS-IE®管理改进系统是一套落地性很强的管理方法，完全是我们在长期的实践中不断摸索出来的，具有系统性、逻辑性、结果性和长期性的特点。这套方法来自大量的企业实践和咨询项目，并用一整套严谨的管理逻辑，将企业的管理动作"串"起来。

过去几年，我们也带着GPS-IE®管理改进系统走向国际，通过全球各种行业峰会，不断地展现给各行各业的管理者和合作伙伴，赢得了他们的一致认同。他们认为该系统非常具有创新性，也非常符合他们文化下的管理逻辑。

因此，我们也希望更多的管理者能够接触并使用GPS-IE®管理改进系统，在解决现实的管理问题的过程中，总结和沉淀能够指导未来中国管理者的管理思想和管理哲学。

本书肯定存在不足之处，希望您在阅读中能够逐一记下来。我们非常期待您的批评和反馈。

丁晖（dinghui@gps-ie.com） 顾立民（gulimin@gps-ie.com）

目 录

引言 组织发展瓶颈 1

 管理需要有标准答案吗 2
 管理操作系统的升级 4
 企业也是有机体 6
 管理的错位 8
 管理的烦恼 9
 做事的科学与做人的哲学 10
 什么是"真正的问题" 13
 经常混淆的六个基本概念 15
 管理需要"仪表盘" 17
 GPS-IE®管理改进系统概述 18
 解决问题的三大前提 22

第1章 目标G：澄清战略目标 29

 业务转型的四个阶段 31
 不同阶段的工作重点 35
 业务的三大盈利模式 47
 业务的驱动关系 52
 分配方案的匹配 54

基于战略的组织规划……………………………………………59
　　　价值观的力量………………………………………………………63
　　　行为准则……………………………………………………………65
　　　描述战略目标………………………………………………………68

第2章　一级问题P1：关注绩效结果……………………………**73**
　　　一切均生意…………………………………………………………75
　　　"外包"思维………………………………………………………76
　　　内部价值链…………………………………………………………78
　　　设计部门的生意……………………………………………………85
　　　谁是绩效评价的主导者……………………………………………90
　　　建立共同愿景………………………………………………………91
　　　价值导向……………………………………………………………95
　　　描述一级问题………………………………………………………98

第3章　二级问题P2：寻找驱动要素……………………………**101**
　　　系统思考……………………………………………………………102
　　　三种思维方式………………………………………………………104
　　　商业业态的升级……………………………………………………106
　　　驱动要素……………………………………………………………107
　　　从定义到改进………………………………………………………122
　　　三轮矩阵……………………………………………………………123
　　　设计年度目标和预算………………………………………………128

第4章　三级问题P3：界定关键活动……………………………**131**
　　　绩效是"做"出来的………………………………………………132
　　　建立三级问题的步骤………………………………………………136

基于经验的排序..149

　　　关键动作的数据分解..150

　　　关键动作责任人..151

第5章　解决方案S：设计解决方案..................................**155**

　　　1+N的偏差..157

　　　原因分析..158

　　　策略优选..163

　　　计划实施..176

　　　创新型工作转化为模仿型工作..187

　　　标准操作程序编制..188

　　　岗位操作手册形成..190

第6章　实施I：推动计划实施....................................**193**

　　　讨厌的阶段偏差..194

　　　制定预算..196

　　　成立管理改进小组..197

　　　管理改进小组的挑战..199

　　　领导人的"约法三章"..202

　　　过程数据的真实性..206

　　　IPO改进复盘法..207

　　　不可缺失的"过程专家"..209

第7章　评估E：评估改进效果....................................**211**

　　　评估的基础：回归"人性"..212

　　　问题结果性评估：从结果到动作..216

　　　执行过程性的评估..219

结果性的评估 224

第8章 GPS-IE®管理改进系统的意义与应用 227

组织能力的提升 228

管理者的转型：从"救火员"到"防火员" 230

区分重要的、紧急的事 231

管理者的成长：回归五大责任 231

全新绩效管理™ 233

经营行为的把控 236

管理运营的全新杠杆：虚拟货币 237

学习与发展（含培训） 238

素质模型 242

新评鉴中心 243

后记 244

引 言

组织发展瓶颈

> 医生面对患者需要给出准确的答案，管理者面对问题也需要给出准确的答案。

管理需要有标准答案吗

企业是创造价值的组织，企业家往往拥有创造价值的激情和思想，但价值最终不是依靠企业家一个人实现的，而是由员工、客户、供应商、外部合作伙伴等利益相关者共同创造的。其中，管理者充当重要的角色，他们将成为连接企业家和利益相关者之间的桥梁，对企业的效率、效果和效益负责。从这个角度来说，管理者就像企业内部的医生一样，及时准确的诊断、识别、分析、解决问题成为其主要职责。

企业有两条价值链。一条是垂直的管理价值链，从董事会到经营班子，从管理者到员工，这条价值链会随着外部环境的变化而更加扁平化，但其"管理的本质"不会有太大的变化。另一条是水平的经营价值链，多个部门相互协同、互为内部客户，从而为最终客户创造价值，这条价值链更加强调其"经营的本质"。这两条价值链几乎贯穿了企业变革的全部过程，其中管理需要服务于经营，因为经营是目的，管理是实现经营目的的手段。

那么管理有标准答案吗？通常的回答是"没有"，没有答案的管理被定义为管理艺术。所谓艺术，是指这样也行那样也行，至于哪样行，还是要看情况。具有这种"管理艺术"看法的管理者不在少数。艺术是主观演绎的情感和情绪通过渲染等艺术形式的感性表达。难以想象一位医生面对已经躺在手术台上的患者，边戴手套边对患者这样说："兄弟，我是一个有'艺术家'气质的医生，我的第六感告诉我你需要手术，具体手术该怎么做，我现在也没有答案，我会尽全力帮你的。"当患者听到医生这样说时，他一定会起身逃跑的。现实中，很多管理者也呈现出这位"不靠谱的医生"的状态，他们往往崇尚"任务式管理"，习惯从目标直接跳到计划和任务环节，定计划时写记叙文、做总结时写议论文、研讨时写散文、工作日志写得像诗歌，我们将这样的情形定义为"语文式"管理。语文通常没有标准答案，只有参考答案。

因此，将"语文式"管理转向"数学式"管理是企业家或管理者必须面对的挑战。管理的价值是指通过有效的过程管控（Process），让较少的投入（Input）能够有更多的产出（Output）。在IPO这个公式中，投入端的预算是可以算出来的，产出端的财务结果也是可以算出来的，但对于多数企业而言，中间的过程管控是无法算出来的，只能凭借经验和感觉估摸出来，这说明我们当前的管理面临着两端"数学式"、中间"语文式"的情况（见图0.1）。数学为什么可以有标准答案？因为数学有公理、定律、公式、算法，数学式的过程管控同样需要有系统、逻辑、算法、原则。简单粗暴的任务导向、行为导向的过程管控导致预算和结果存在较大的偏差，就实属正常了。

I	P	O
投入 Input	过程管控 Process	产出 Output
数学式	语文式	数学式

图0.1 企业管理：数学式—语文式—数学式

因此，我们用了十多年的时间，研发了GPS-IE®管理改进系统，就是希望可以帮助企业把"过程管控"从"语文式管理"走向"数学式管理"。语文式的艺术表达通常是发散的，缤纷多彩、触类旁通，具备形象性、主体性和审美性，对别人有感染力。而数学式的管理则是系统的、严谨的和有逻辑的，建立在统一思想、统一语言、统一动作的标准基础之上，更趋向于理性的、理智的和冷静的思考逻辑。企业运营效率主要看重投入产出比，以最小的成本达到最大的经营结果是所有管理者的追求。没有优秀的过程就没有优秀的结果，过程算得出来不一定做得出来，但是算不出来往往更难做出来。

如果管理者都像前面提到的那位"不靠谱的医生"一样，那么会发生什么样的状况呢？董事会授权总经理设计了宏大的企业发展战略目标，并为此进行了巨大的投入，从技术、设备、厂房、员工到品牌等；为了提升运营的效率，总经理邀请了许多管理者来承担各自的职责，希望这些管理者能够围绕企业目标的达成分析问题、解决问题、提升效益，但是这些管理者都眼巴巴地看着总经理说："总经理，管理是没有标准答案的，您看要怎么做，我们来配合您。"管理没有答案和没有给出管理答案是两回事。对于企业而言，管理者充当了医生的角色，应不断地通过有效的方法和工具来解决组织的问题，进而推动企业不断发展。

管理操作系统的升级

为什么企业空降职业经理人常常会失败？企业作为一个有机组织，是由硬件和软件构成的，硬件包括产品、人员、资金、厂房、设备、技术、供应渠道等，软件是将以上要素高效运转起来的操作系统。许多企业只重视看得见的硬件投入，却忽略软件的建设，这就好比一台硬件配置比较先进的电脑，却安装了 DOS 操作系统，靠命令来驱动程序，层级复杂，效率低下。当企业因效率低下而进入发展的瓶颈期时，高层管理者通常认为是"人的能力问题"，于是空降职业经理人就成为主要选择。职业经理人通常是以专业为导向的，他们能否充分发挥他们的专业能力取决于企业的系统支撑。企业发展瓶颈的形成不仅体现在"人员能力"不足上，更体现在"组织能力"不足上。当组织能力足够强大时，企业对人员的能力依赖度会下降。因此，当空降的职业经理人难以融入企业时，高层管理者不能只单方面指责职业经理人的态度和能力，也要从组织系统的兼容性和扩展性的角度进行反思。

组织管理操作系统的设计需要统一的开发语言，正如ERP（企业资源计划）、OA（办公自动化）、CRM（客户关系管理）等系统的设计需要C++、.net等编程语言一样。企业运营效率低的一个原因是内部语言不兼容，财务部门喜欢使用财务语言，生产部门通常使用生产语言，销售部门使用市场语言，技术部门使用技术语言，大家都希望努力说服他人，因为大家似乎都听明白了他人的意思，但又似乎没有完全明白他人的意图。有人站在过去的角度说过去的事，有人站在今天的角度畅想未来，也有人站在未来的角度说着今天的事。

商学院强化了这种"语言的鸿沟"，商学院的课程设置是具有专业化导向的，课程设计、课程开发也是由不同专业背景的教授各自完成的。如果教授与教授之间没有建立底层相通的语言逻辑，就会造成"拼盘式课程"现象。学员能学到许多专业化知识，但未必能形成系统化能力。不论经理人的专业背景、职能角色有何不同，大家首先是一个管理者，管理者需要建立管理者的通用语言，这样才能有效沟通、达成共识。

企业家的思想需要转化成可以传播的语言、文字和图像，这样才能更好地在企业的内部、外部进行传播。反之，如果企业内部没有形成统一的语言模式，空降的职业经理人会自带其他企业和专业的语言模式，这将使企业内的沟通变得更加复杂。如果一家企业无法快速兼容空降的职业经理人团队，那么该企业也无法兼容新的客户、新的供应商，但企业的发展又离不开新的团队、新的客户和新的供应商，因此，企业"统一语言模式"的管理系统升级将成为企业快速发展的前提。

在国家大力推动供给侧改革的大背景下，企业发展的驱动从需求侧逐步走向供给侧，而组织能力的发展则是企业供给侧发展的重要部分。一个人，长期没有独立思考能力，人云亦云，会失去自己鲜明的个性；一家企业，长期没有独特的价值主张，只以赚钱为目的，也会失去自己的竞争力。多年以来，多数中国企业以"需求"为驱动，但"客户的需求"不够稳定，年年变化，长此以往，企业成为为了赚钱而赚钱的"利益体"，以满足"客户的短期需求"为主要目的，这样的发展模式变得越来越缺乏竞争力，一旦客户需求快速升级或快速转移，这样的企业就会因为老客户流失、新客户没有着落而瞬间倒闭。客户需求"快速升级"和"快速转移"的现象，与互联网和旅游业的快速发展有很大关系。前者让客户快速掌握信息，从而增强依靠时间差、空间差和信息差来赚取差价模式的难度，后者让客户便利体验国内或国外的环境，"长了见识"的客户必然提高需求，由此出现了比如"疯狂的马桶盖"现象。当企业在认知、技术、组织能力、服务体系上无法升级并跟上客户的需求变化时，落后产能随后产生。过去跟风短期赚钱的企业也许会发展得很好，但是从长远来看，只有拥有长期自我发展能力的企业才有生存空间。

人类的文明需要依靠"语言、文字、图像和故事"来传承。同样，在新的形势下，企业领导人也需要有新的思想来推动企业转型，领导人的思想也需要转化为"语言、文字、图像和故事"，这样才能让内部、外部的人员理解并接受，进而将思想转化为统一的步调，支持企业的成功转型。

企业也是有机体

组织的发展就像一个人的成长一样，也需要不断地进化。企业是组织的一种，其战略目标是由高层、中层、基层协同实现的（见表0.1）。

高层相当于人体的大脑，负责解决"该不该"的事情，围绕战略和价值观进行思考。战略是取舍，价值观是取舍的依据。高层管理者怎么选择都有各自的道理，但如果选择背后的价值观不统一，就难以理直气壮地告诉员工、客户和供应商选择的理由，这样一方面会导致他们在工作中面对选择时造成原则上的紊乱，另一方面会影响他们对事业存在长期坚守的信心。

中层是核心，相当于人体的脊柱，负责解决"好不好"的事情，围绕流程和标准进行思考。流程是交付价值的过程，标准来自最佳团队的最佳员工的最佳实践。中层管理者需要通过流程和标准的优化来提升企业未来的效率和效益。

基层管理者和员工相当于人体的四肢，负责解决"干不干"的事情，围绕计划和行动进行。计划是实现策略意图的步骤，行动是落实具体步骤的过程。基层管理者和员工的执行是企业价值实现的"最后一公里"，不管高层管理者的战略设计得多么英明，中层管理者的流程和标准制定得多么科学，没有有效地转化为基层管理者和员工执行的计划，都无法获得准确的结果。

表0.1 高层、中层、基层协同

管理层级	人体类比	负责事项	产　　出	德鲁克三件事
高层	大脑	该不该	战略、价值观	做正确的事
中层	脊柱	好不好	流程、标准	正确地做事
基层	四肢	干不干	计划、行动	把事情做正确

一个人是否健康，要看他的大脑和四肢是否可以协同运动，而大脑和四肢的协同主要依靠脊柱和中枢神经系统。人和动物的两大区别都和脊柱有关：一是人能够直立行走，这与脊柱的发育有关；二是人可以认知和使用工具，因为大脑的指令会通过脊柱周边的中枢神经系统传递到手、脚和各个器官，从而在大脑的统一指令下协调做动作。一个人如果脊柱受伤则会呈现出瘫痪或者半身不遂的状态。一个瘫痪或者半身不遂的人，他的大脑其实是很清楚的，只是四肢无法做出大脑希望的动作。

企业也是一样的。企业有高层、中层和基层，一家企业的组织能力取决于它的高层、中层和基层在管理动作上的一致性、协同性及有效性。其中，中层管理者的能力尤其重要。如果一家企业的中层管理者能力欠缺，这家企业也会呈现出瘫痪或半身不遂的状态。尽管高层管理者在说起企业的战略和价值观时很清晰，但基层管理者和员工的许多行为却不是高层管理者期望看到的。对于企业而言，"大脑"不发达会造成方向选择的混乱，"脊柱"受伤会导致半身不遂、四肢无力等。企业发展中的重点是"脊柱"发育的成熟度，如果企业的"脊柱"没有发育成熟，即使企业规模再大，也只能属于"低级爬行动物"，这样的企业在平稳的外部环境下会依靠规模发展得很好。一旦外部环境发生巨大的变化，这样的企业就难以做出快速且复杂的动作，难以应对外部环境变化，从而失去转型升级的机会。

管理的错位

在现实工作当中，我们经常看到一些企业存在以下情况：

- 高层管理者经常关心的是"好不好"的事情。例如，人员的招聘、设备的维修、业务的开发、货款的回笼、政府的关系等。
- 当企业的高层管理者开始关注"好不好"的事情时，中层管理者就根据领导的命令，开始做具体的事情，进入"干不干"的阶段。例如，带头维修设备、带头跑市场、带头负责催款、带头维护政府关系等。
- 如果基层管理者和员工感觉不到存在的价值，无事可干，他们就会经常在私下讨论这个公司"该不该"的事情。例如，公司的战略调整、公司的发展方向、公司的大政方针是否正确，公司的重大合作是否合理等，一副"指点江山，激扬文字，粪土当年万户侯"的样子。

这样的组织其实已经明显开始错位，时间长了，就会造成"关系错乱"或"系统紊乱"。神经性系统错乱的结果，很有可能导致有机体的物理死亡。在管理上造成这种后果的原因，就是各级人员不在自己的本位上思考和行动。

《论语》中关于"君子务本，本立而道生"的论述，就是强调组织中各个角色要守本分、各司其职、泾渭分明，在什么岗位就要把本职工作所赋予的责任承担好。当大家失去了自己的本分和本位的时候，结局就是"事倍功半"。"本立而道生"中的"道"有两层意思：一是"规律"，因为失去本分，所以难以遵循规律去做事；二是"方法和路径"，当我们失去自己的本分时，很难找到解决问题的最佳方法，从而将简单的问题复杂化，加重了组织的内耗，削弱了组织的能力。

管理的烦恼

个人烦恼的根源，往往是能力的不足。企业是由小到大成长起来的，企业最初的创始人为了实现个人理想毅然上路，艰苦创业，打下了事业的根基。随着业务的发展，企业的规模、装备等在不断地发展、升级。改革开放以来，中国企业拥有了良好的发展环境和机遇，国家政策的逐步宽松、人口及土地的红利、国家化进程带来的机遇，推动很多企业走上了快速发展的道路。一些企业由弱到强、由慢到快、由小到大，正如交通工具的升级一样，从自行车时代发展到摩托车时代，再走向汽车、高铁时代，甚至走向航空航天时代。

只会骑自行车的人驾驭不了摩托车，只会开车的人驾驭不了飞机。但中国经济的滚滚洪流却快速地将许多非专业的管理者推上复杂的管理责任人的位置。企业发展进入高阶段后，需要更符合企业现状的管理者能够参与管理与运营，即企业已经进入汽车、高铁时代，而我们管理者的驾驭技术却依然停留在摩托车时代甚至自行车时代，他们的技术和能力已经无法匹配企业的发展。

现实中很多人的名片上印的头衔是总经理、总监、部门负责人，但是他们在识别组织环境、设计组织机制、推动人员发展、解决系统问题等方面，没有经过专业实践和训练，他们自己都不太清楚是否有资格履行新的职责。能力不足的管理者不仅会造成组织绩效的损失，而且会影响他自身工作和生活的幸福感。驾驶技术高超的驾驶员会享受驾驶过程的乐趣，而驾驶技术不好的驾驶员会把开车的过程看成很大的负担。因此，提升管理者的能力不仅是为了提升组织绩效，还要从保护管理者身体和心理健康的角度出发。

做事的科学与做人的哲学

管理者如果希望降低工作烦恼，就要提升能力，也就是驾驭组织的能力。企业是人与事相结合的组织。做事讲科学，是为了寻找目标达成的最佳路径；做人讲哲学，是为了保持人在工作、生活中的最佳状态。

做事的科学。每一个问题的解决，每一个目标的达成，理论上一定存在着一条最佳路径，寻找这条最佳路径或者努力地、无限地靠近这条路径的过程就是追求"做事的科学"的过程，也可以称之为"科学精神"。管理是一门科学，由原理、模型、定义、工具、方法、流程、最佳实践等要素构成，一个人只要具有科学精神，持续探索，不断实践，总能做好一件事情。正如欧阳修的作品《卖油翁》中的主人翁一样，他卖了一辈子的油，倒油的技术炉火纯青，使油能够像一条线一样穿过铜钱眼。当被他人问是如何做到的时，他回答："无他，但手熟尔。"

做人的哲学。能力的另一面是哲学层面的思考，以"认知"为核心。管理者如何认知自我、如何认知他人、如何认知组织、如何认知竞争对手、如何认知今天的自我和未来的自我、如何认知工作中的自我和生活中的自我，通过丰富这些认知，能够帮助管理者保持生活和工作中的最佳状态。有些管理者刚刚进入一个岗位，充满斗志、加班加点、毫无怨言、状态奇佳，过了一年半载之后却判若两人，无精打采、偷工减料、怨天尤人、精神低迷。为什么同样一个人，短时间内却呈现出截然不同的状态呢？是外部因素还是内部因素造成的？看起来都是外部因素，如工作不顺利、环境不具备、领导不认可、家人不支持等，但说到底还是由于自我认知不足造成的，在做一件事之前有没有具备完整的认知。凡事都有两面性，有顺利就有障碍，有人支持就有人反对，有成功就有失败。如果内心的认知足够完整和全面，就不会因为过程中的阶段性成功而沾沾自喜，也不会因为短期的失败而萎靡不振，紧紧盯住目标的实现，保持积极向上的状态，才是高效完成工作绩效的保障。

工作中的许多纠结源于认知与实践的不匹配，即认知跟不上实践的发展，理论上应该先知而后行，但实际上更多的是先实践，然后在实践中不断遇到障碍、困难与挑战，再通过学习与反思重新完善和弥补认知。有限的认知已经无法面对新环境、新技术、新政策的挑战，很多人由此会产生存在感的迷失，经常问自己：我这样做还合适吗？还有效吗？还有意义吗？这就是通常所说的"老革命碰到了新问题"。从认知的角度来讲，管理者在成为管理者的那一刻就应该思考：我与工作、部门是什么关系？我和员工、客户、公司是什么关系？生活中的我与工作中的我是什么关系？只有不断地去探讨这些关系的合理性与和谐性，才能保持不断发展的心理状态，保持做人、做事的原则与底线，拥有前进的愿望和动力。

一个关于认知的故事

九华山是中国的佛教名山，而甘露寺坐落于九华山的半山腰上。住持藏学法师同时也担任九华山佛学院的院长，他的师父原是九华山的方丈仁德法师。藏学法师是湖北人。有一天，一位来自老家的同学过来找藏学法师借钱，同学说无论如何要借他点钱，三个月后就还钱。藏学法师凑了几千元给了他的同学，可同学拿到钱后还说不够，就问藏学法师能否找他师父再借点。于是藏学法师带着同学去找师父，仁德法师听说后也借了几千元给这位同学。

三个月的时间转眼就过去了，同学一点消息都没有。藏学法师坐不住了，就找师父仁德法师说："怎么回事啊，同学说好了三个月还钱，怎么现在一点消息都没有呢？"仁德法师说："你同学不是说三个月之后还钱嘛。"

从这个故事里可以看出，藏学法师的认知是说好的三个月时间，时间一到就得还钱。仁德法师的认知是借不借钱是自己的事，还不还钱是他人的事。仁德法师在把钱借出去的一刹那，就已经放下了。借出去的钱没有还回来，一定有它的原因。有一天，钱突然还回来了，

> 仁德法师没有表现出高兴、欣喜，只淡淡地说："放着吧。"这就是大师，来也自然，去也自然。正是基于相对完整的认知，仁德法师才不会对这几千元产生纠结或怨恨的烦恼。

我们在平时的管理工作中也会遇到类似的状况，经常主观判断什么是对的、什么是不对的。当能够把关系想得更清楚一些时，我们就会发觉我们所认为"对的"或"不对的"，其实都是"相对的"，换个环境、换个对象、换个前提，原来坚持认为"对的"和"不对的"，都可能发生变化。

在管理改进过程当中，针对组织的战略目标，我们既要守住一些不变的要素，也要围绕变化的要素进行创新，只有抓住"变"与"不变"中间的关系，才能把复杂的问题简单化，这也是我们认知的一个体现。所以，管理改进的过程需要从"做事的科学"和"做人的哲学"这两条线来同时思考。做事的科学线作为一条明线相对容易掌握，做人的哲学线作为暗线更考量管理者反思的能力和智慧。从长远来看，做人的哲学线又会潜移默化地影响组织做事的科学线，沉淀下来，做事的科学就成为组织的企业文化、亚文化、潜规则，虽然看不见、摸不着，却实实在在地影响或推动组织的绩效发展。

越是企业的高层，越需要从"做人的哲学"中寻找答案，越是企业的中层和基层，越需要从"做事的科学"中寻找答案，只有长期坚持科学的精神，才有机会触及哲学的领域。反之，当科学的方法已经探索到了极致时，恰恰需要哲学层面的突破才能辅助科学方面的突破。有的人很喜欢书法，通过拜访名师、刻苦练习，多年后也能写出一手好字。当他拿着自认为不错的作品请大师指点时，大师也许会给出这样的评价：字还不错，只是匠气太重。这说明要想让书法再上一个台阶，就不再取决于书法本身，而要在个人的修养、境界的追求、心性的修炼等方面下功夫了，正所谓心法大于书法。

什么是"真正的问题"

做事的科学线和做人的哲学线的交汇点是问题,哲学家需要靠问题来引领自己的思考,科学家也需要通过实验解决各种问题来获得成功。同样地,管理者的职责也是如何识别、界定、分析、解决问题,解决问题的前提是要识别真正的问题。对于企业而言,一旦战略目标和年度目标确定之后,管理者每天关注的将不再是目标本身,而是由目标带来的各种问题,无论是开会还是私下的沟通与交流,管理者都会被各种问题困扰。只是现在需要提出来这个问题:管理者平时关心并讨论的问题是"真正的问题"吗?

一家五星级酒店的管理者会遇到哪些问题呢?我们采访了部分管理者,他们的回答如下:

- 政策的影响。
- 员工的工资上涨快。
- 周边有多家竞争对手。
- 修路导致交通不便利。
- 菜品口味需要提升。
- 员工流失率高。
- 原材料价格上涨快。
- 客户更加挑剔。
- 管理能力需要提升。

....

然而,这些都是"真正的问题"吗?真的是真正的问题吗?我们发现,其实这些并不是真正的问题,大多数是"症状",有一些连症状都不能算,而是主观的判断和认知,甚至是一种情绪的宣泄。然而,太多的管理者把这些"主观的认知和情绪"当作"问题",并且花费大量的时间和精力来尝试解决这些"问题"。然而,这些虚假的"问题"却是难以解决的,因为它们不是"真正的问题"。

围绕问题的厘清，需要梳理如表 0.2 所示的六个基本概念。

表 0.2　六个基本概念

名　词	解　释
症状	看得见的表象
问题	现状与目标间的数据偏差
原因	导致症状的可测量的要素
策略	解决问题偏差的方法
计划	实现策略意图的步骤
结果	所有计划与投入的产出

为了帮助大家理解以上六个概念，我们用日常生活中去医院看病的例子来说明。

医院看病

一位患者去医院看病，医生首先会问他"哪里不舒服"，这是为了了解患者的症状。但是，医生一定不会在症状采集上花费太多的时间，而是会开出检查单安排患者去检查或化验，这么做的目的是通过体检报告了解患者各个指标的偏差，比如血压、血糖等。然后，医生围绕指标的偏差进行诊断分析，如果病情比较单一，那么专科医生就能做出诊断；如果病情复杂，就需要多个科室医生进行会诊，会诊的目的是为了找到病人的根本病因。接着，该患者的主治医生会给出建议，是做手术还是药物治疗，是住院还是回家休养，这就是治疗策略。然后，主治医生会告诉患者治疗过程及计划，患者需配合医生执行这个治疗计划。最后，患者需要阶段性地到医院复查，来评估阶段性的治疗成果，直到病症消除，恢复健康。

经常混淆的六个基本概念

在实际工作中,为区分清楚上述六个基本概念,可从以下三个方面进行思考。

概念的混淆

管理者经常混淆这六个基本概念,比如"症状"与"问题",很多管理者表达的问题其实更多的是症状。"问题"和"原因"也经常被混淆,比如需要讨论一个具体的问题,一定会有人这样表述:因为什么。他其实是在描述"原因"。另外,有人经常将"策略"和"计划"混淆,比如需要解决一个问题,现在开始讨论解决这个问题的策略,马上会有人说:我立刻去找某某某。他的这个表达其实是"计划"中的一个步骤,如果没有在"策略"层面达成共识,跑上十趟也未必能够解决问题。

思考的逻辑

在管理中,我们常犯的错误在于看到了"症状"立刻会去分析原因,或者看到了"症状"立刻设计策略,甚至看到了症状直接制订计划,正所谓"眉头一皱,计上心头"。这种拍脑袋式的决策在具体工作中并不少见,但是谁也不能保证这种决策的正确性。

比如,很多企业每年都可能遇到"用工荒"的状况,于是大家认为"员工流失"是一个关键问题,开始分析"员工为什么容易流失",得出来的结论是"薪酬结构不合理",给予的策略建议是"调整薪酬结构"。所谓"调整薪酬结构",通常就是指增加岗位工资。在这个策略实施后,真的能够解决组织的问题吗?多数时候似乎并没有真正解决问题,因为从一开始思考的逻辑就出现了偏差。

"员工流失"并不是一个问题,而只是症状,因为对于企业来说,员工流失并不可怕,可怕的是"该留的员工留不住,不该留的员工赶不走"。所以,真正的问题是"提升企业高价值员工的保有率",分析"员工为什么容易流失"和分析"高价值员工如何保有"是完全不同的。如果分析不清楚,按照"眉头一皱,计上心头"的方式确定了"普调岗位工资"的策略,结果不仅留不住那些需要保有的高价值员工,而且那些不该留的不合格员工就更不愿意离开了。因为一方面岗位工资的增加会增强他们留下的意愿,另一方面公司考核"员工流失率"的指标也会引导管理者降低该考核指标将不合格员工留下来。

问题的描述

医生给患者看病,需要通过检查来确认患者的真正问题,然后才能给出治疗方案。如果一位医生只是简单地了解患者的症状,就立刻开出单据,让患者第二天来做某个器官的切除手术,这个患者无论如何也不会来做手术的。但在管理工作中,却有很多管理者在做这样的事情,看到一个管理症状,马上就确定某个策略或计划,当别人提出异议时,他甚至不高兴,这是典型的"不专业"且"任性"的行为,迟早会给企业造成损失。

管理者面对组织的发展目标,确定并描述问题就成了解决问题、提升绩效的重要环节,问题描述由主语、谓语、宾语和补语构成。

- 主语通常为第一人称,指本部门、本岗位或本人,确定问题的责任主体。
- 谓语是动词,通常表达为提高、加快、减少、降低等动词,表达问题解决的价值趋势。
- 宾语是名词,也是问题的关键词,用于确定问题解决的边界。
- 补语为量词的偏差,分别代表目标值和现状值的数量。

问题描述举例如表 0.3 所示。

表 0.3　问题描述举例

主　语	谓　语	宾　语	补　语
销售部	将提升	销售额	3500 万 ~ 5000 万元
培训部	将增加	合格的员工数	65 ~ 85 人

管理需要"仪表盘"

各部门和岗位都要按照问题描述的标准设计问题库,从而形成"管理仪表盘"。一说起仪表盘,大家自然会想起"汽车仪表盘"。开长途汽车时如果没有仪表盘和实时数据,驾驶员对速度、车况、油况、距离等不清楚,同时也不清楚下一步应该做什么,只能凭借经验和感觉来开车,而经验和感觉往往不太准确,迟早会让汽车产生故障或者熄火。

作为管理者,无论管理一家公司还是一个部门,从年初规划到年终总结,同样需要"管理仪表盘"的支撑,以反馈管理中即时指标的偏差,从而判断下一步的工作决策与计划。如果没有实时数据支撑的"管理仪表盘",管理者就无法说清楚自己每一个决策背后的依据,以及确定任务与任务之间的逻辑关系。

在现实中,管理者有这样的"管理仪表盘"吗?据观察,管理者更多在用"黑匣子"指示工作。飞机上的黑匣子与仪表盘的区别在于结果数据和过程数据,比如,财务报表是业务发生后经统计而生成的,对复盘分析具有意义,但难以指导管理者做出当下的行动决定。又如,KPI(Key Performance Indicator,关键绩效指标)系统,多数公司将其用来作为评价和考核工具,且多为结果指标,如销售额、回款率、满意度等。这些指标可以指明方向,但无法系统指引管理者做出当下计划与预算决策。

管理者依靠什么驱动工作呢?客户和领导将即时性需求转化成短期任务,通过会议或命令推动管理者的工作。每月工作会议显得很重要,会上每位管理者会汇报上月工作内容和下月工作计划。如果把一个部门的多个月会议记录放在一起来看,就会发现该部门工作任务的系统性、逻辑性、持续性、结果性难以建立起来,计划的混乱自然会带来管理中的浪费。因此,黑匣子是基于结果统计的数据系统,仪表盘是基于过程和动作的指引系统,管理者掌握了这样的"管理仪表盘",可以系统地推动各部门的工作协同和过程评估。本书中,我们将围绕"管理仪表盘"的设计、实施和评估与大家展开深入的探讨。

GPS-IE®管理改进系统概述

从 ATD 到 ISPI

两次世界大战期间，大量有经验的产业工人被征募参战，大量岗位人才缺失，此时需要迅速培养更多合格的产业工人以满足生产需求。同时，第二次世界大战之后，大量军工企业开始转为民用企业，也催生了士兵通过再学习来适应新岗位的需要。在这样的背景下，1943年4月2日，在美国路易斯安那州新奥尔良成立了美国培训管理者协会（ASTD，后更名为美国培训与发展协会）。70多年以来，伴随着科学管理理论、全面质量管理理论、精益生产理论及系统管理理论的发展，ASTD围绕人才的培训与发展，结合管理理论的突破，也与时俱进，从心理学培训到行为主义、认知主义，再到教学设备自动化、培训效果测量，以及学习与绩效改进，直到2014年5月，ASTD正式更名为ATD，即人才发展协会。

培训和人才发展不是孤立存在的，需要服务于业务战略和业务实现的过程，同时，培训从业者也会不断地被业务部门的人员询问：培训到底能够解决业务的多少问题？带来多少价值？带着这样的困惑，一部分培训从业者于1962年在美国成立了另外一个国际组织——国际绩效改进协会（ISPI，International Society for Performance Improvement）。国际绩效改进协会的宗旨在于倡导人类绩效技术的应用与发展，50多年来一直致力于提高组织、团队和员工的绩效。该协会当前拥有来自美国、加拿大等40多个国家的一万多名会员，为世界各地的绩效技术领域的专业人员提供交流机会，为全球企业的绩效提升与组织发展提供可靠服务。

2012年9月，国际绩效改进协会在中国成立了分会，从此，绩效改进的理念、方法和工具开始在中国得到越来越多的认可，许多企业开始引进绩效改进来提升组织绩效和个人绩效。随着实践的深入，部分具有中国特点的模型、工具和原则开始逐步被总结、提炼，并在项目实施中进行验证。

绩效改进的四大基础原则

在国际绩效改进协会多年来总结的各种模型、工具和原则中，RSVP 四大基础原则成为绩效改进体系中比较重要的原则之一。RSVP 是由四个单词的首个字母构成的，分别是关注结果（Result）、系统思考（Systematic View）、增加价值（Value）和伙伴关系（Partnership）。

关注结果

在组织绩效达成过程中，管理者需要关注各种要素的结果，包括战略的结果、职能的结果、过程要素的结果、动作的结果、策略的结果等。如果做不到"以结果为导向"，管理者就容易被"手段"吸引走，手段固然重要，但是清晰的目的同样重要。因此，管理者不仅要关注当下的手段，还要关注能够支撑未来的目的。

系统思考

系统思考是指在解决问题、达成目标的过程中，管理者要看到事物的全貌，而不只是局部。只有看到了全貌，才能说清楚事物与事物之间的关系，而不只是事物的本身。系统思考能协助管理者了解事物的逻辑和下一阶段的趋势，从而找到长期的、根本的解决方案。

增加价值

组织绩效达成的过程，就是多个价值被不断实现的过程。围绕价值的实现，管理者要说清楚谁在创造价值、在什么环节增加价值、用什么方法增加价值、如何评价已经创造的价值、创造的价值将要和哪些利益相关者进行分配等。

伙伴关系

组织绩效价值创造的过程是由多个利益相关者共同创造的，这些人都将成为组织成长过程中的合作伙伴。因此，管理者需要清楚谁是自己的伙伴、如何建立伙伴关系、如何提升伙伴关系、如何保持伙伴关系，只有获得越来越多伙伴的认可与支持，组织绩效才能持续发展、生生不息。

GPS-IE® 管理改进系统

在从事了 20 多年的培训与发展工作后，我们越来越感受到传统的"中介式"培训方式将受到巨大的挑战，当培训不能保证对业务发展起到支撑作用且对结果负责时，培训本身将受到越来越多的质疑。培训到底能不能为企业产生价值呢？为此，我们开始尝试新方式，当时将其定义为"企业门诊"，主要形式是为企业多个部门的负责人配置顾问，这些顾问通常来自比这些企业规模更大、管理方式更加成熟的企业。这样的模式看起来很美好，事实上那个时候也取得了很好的效果。但是，当我们组织这些顾问到现场进行辅导时，由于行业、专业和企业的背景不同，顾问对问题的看法也大相径庭，在很多方面的认识难以达成共识，甚至在客户的辅导现场，顾问开始产生争执，谁也说服不了对方。

针对这样的状况，我们意识到仅仅依靠实践的经验，是难以解决实际问题的。我们需要统一的方法论来武装我们的团队。获得方法论的路径一是依靠引进，二是依靠自主研发。在引进过程中，我们发现直接将西方的改进方法论移植到中国企业的团队中，会出现"水土不服"的状况。首先，欧美国家的商业化时间比中国更加悠久，组织的成熟度相对较高，他们的改进工具更偏重于在成熟组织下个人行为的改进；但是在中国，许多企业面临的困惑是组织体系不够完善，人员思想和行为也不成熟，所以需要的是系统的改进，不是局部的改进。其次，欧美的社会、经济、文化、价值观等大环境决定了企业文化相对简单，在改进中只要改变环境和员工行为，绩效就能够得到提升；而在中国，这种环境将更加复杂，历史情感与现实利益的纠缠，看得见的制度与看不见的规则之间的交错，"大干快上"的发展机遇和随处可见的业务风险的平衡等纵横交错。经过深入研究，我们决定在借鉴ISPI原则的基础上，根据中国企业的特征进行自主研发，形成属于我们自己的改进方法论和模型。

经过六年多的探索，GPS-IE® 管理改进系统（见图0.2）于2011年基本成型。随后的几年中，我们将该模型应用到许多企业的改进项目中，其强大的逻辑性、系统性和可操作性的特点均得到了很好的验证。同时，在每年的ATD年会和ISPI年会上，我们会带着GPS-IE® 管理改进系统的实践案例到美国、韩国、加拿大及欧洲一些国家进行分享，获得了大批国际绩效改进大师和同行的认可。

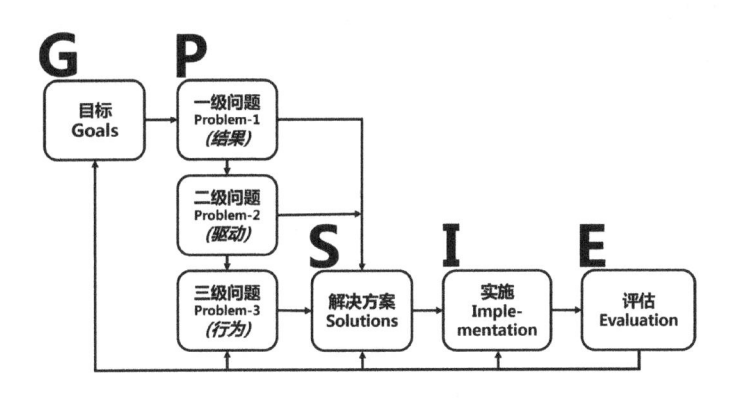

图0.2 GPS-IE® 管理改进系统

GPS-IE代表了五个单词的首个字母，具体包括G（Goals）澄清战略目标、P（Problem）识别关键问题、S（Solutions）设计解决方案、I（Implementation）推动计划实施、E（Evaluation）评估改进效果。

G 澄清战略目标

在组织绩效改进过程中，各部门和岗位均需从企业的战略目标出发，形成长远的、统一的、持续的方向，达成企业的战略共识是各部门和岗位改进的前提。

P 识别关键问题

达成战略目标后，各部门需要区分清楚各自的问题类别，包括结果性问题、驱动性问题和动作性问题三种，这三种问题形成层层分解、环环相扣、反向支撑的关系。

S 设计解决方案

根据问题类别的分解和测量，各部门将找到各自的关键问题，对关键问题进行原因分析并找到最佳策略方案后，先从策略试点开始，一旦验证通过，则进行规模化推广和复制。

I 推动计划实施

对于确定的策略意图，需要转化成可执行的步骤，并通过过程实施、督导、复盘、优化对实施的步骤进行持续优化，形成流程、标准和最佳实践的案例，沉淀组织智慧。

E 评估改进效果

计划实施过程中对组织、团队和人员进行评估，评估的目的不只是为了奖惩兑现，更是为了持续改进。评估包括形成性评估和结果性评估两种。

解决问题的三大前提

想有效地解决企业的问题，就需要对解决问题的三大前提达成共识：把别人的问题转化成自己的问题、把过去的问题转化成未来的目标、把演绎的问题转化成事实的描述。

把别人的问题转化成自己的问题

在无数次的课程、工作坊、演讲、沙龙活动的现场，我们都问过这样的问题：在工作中，大家是说别人的问题多，还是说自己的问题多？绝大多数的职业经理人都会这样回答："说别人的问题多。"别人是别人问题的主人，自己是自己问题的主人。在组织中，各岗位上的员工在享受着组织给予的薪酬、福利、待遇、奖金的同时，还被赋予了各自独立的职责和任务，他们不仅要完成本职工作，为组织创造价值，还要不断地完成自我学习和职业成长。如果职业经理人不知道自己应该做什么、自己应该为组织创造什么价值，而是经常说别人的问题，是难以为组织创造价值的。如果他们经常花时间和精力去"关注别人"，就不会思考如何出色地完成自己的工作。同时，这种做法会带偏企业文化和部门文化，会向员工传达不良的、负面的信息。因此，为了组织的健康发展和自我成长，我们要遵循"把别人的问题转化成自己的问题"这一原则。

很多组织中都存在一个"抱怨链"：销售部门抱怨生产部门不按时交货，生产的产品质量不好；生产部门抱怨采购部门的库存不够，时间不及时；采购部门又抱怨财务部门不按时付款，对供应商回应不及时；财务部门又抱怨销售部门回款不及时……如此循环往复。这种场景持续了很多年，而且可以预见的是，如果不做改变，这种症状表现出来的冲突会越来越激烈且永远存在。

所以，我们要做出改变，要把别人的问题转化成自己的问题，要建立内部客户的意识，所有人后转180度。财务部门要考虑如何帮助采购部门改善供应链关系，采购部门要考虑帮助生产部门把控产品质量和交期，生产部门要考虑帮助销售部门改善客户关系，销售部门要考虑帮助财务部门改善现金流等。当大家都这样思考时，企业的问题就会越来越少，担当责任的人就会越来越多。

生活中也存在类似的例子，在小区狭窄的道路上经常会有两辆车"相对而行、狭路相逢"的情况。以往大家都发自内心地希望对方能让路、先往后倒车，但由于双方都期待对方先让，导致的结果是大家都不行动，浪费时间。如果大家能换位思考，把别人的问题转化成自己的问题，自己主动及时倒车，对方往往也会谦让，这样不但能有效地解决问题、节约时间，而且还能避免僵持、冲突或者发生口角，获得良好的心情。

作为管理者，不要轻易说员工（别人）不敬业、没有执行力、能力不够，而要反思自己该做些什么才能让员工更好地完成工作；不要轻易说竞争对手（别人）不择手段，而要转化成自己如何应对来自客户的新需求和来自竞争对手超常规的竞争。如果在一个组织中大家都把问题的主语从第二人称、第三人称转化为第一人称，都能把别人的问题转化成自己的问题，那么这个组织将变得更加美好。

把过去的问题转化成未来的目标

我们以往讲问题，大部分是讲过去的问题，比如管理者进入一个新的岗位，经常会抱怨前任留下的烂摊子，尤其是当遇到经营困难时，总是经常回忆去年怎么样、以前怎么样、想当年怎么样等，而且喜欢强调自我特殊性。其实大家的思维习惯停留在过去尚可理解，但管理者的眼光不能总停留在过去，过去的问题是过去的思维和行为形成的，管理者应解决未来的问题，为组织创造未来的价值。目前，大部分管理者的眼光最远以一年为单位，因为企业通常实施的是年度规划、年度预算和年度考核。看起来涉及年度计划，其实许多管理者每天真正考虑的却是"先把这个月混过去再说"。当以月、周甚至日为单位进行思考时，管理者必然关注紧急的事情多于关注重要的事情，不知不觉中他就成了"救火队长"。

就好比开车，驾驶高手和菜鸟驾驶员哪个在开车时关注的事情更多呢？当然是驾驶高手。菜鸟驾驶员由于技术不好，全身紧张、紧握方向盘、眼睛只看近处，于是他一会儿踩油门，一会儿踩刹车，忙得不亦乐乎，造成车辆行驶不够稳定，事故率高，油耗也高。而驾驶高手会轻松地坐在车里，双手扶着方向盘，听着音乐，哼着小调，眼睛看得比较远，所以驾驶高手开车时的预判性就比较强，车身稳定性好，油耗和事故率也低。"扁鹊三兄弟"的故事就说明了这一点。扁鹊的大哥能治"未病"，即未发之病，病人根本不知道自己的病因已经被根除。扁鹊的二哥治疗轻微的小病，属于早期的症状，因此只在村里知名。而扁鹊能在病人病情严重之时，在病人的经脉上扎针来放血、在皮肤上敷药，所以病人认为他的医术最高明。其实，大哥的医术最高明。

管理者需要为组织创造未来的价值，应当着眼未来，未雨绸缪才是较好的管理思维，亡羊补牢式的"问题分析与解决"是"马后炮""事后诸葛亮"。如果问题已经发生，给组织带来了损失，管理者才去解决，那时就已经晚了。因此，企业的风险管理部门就像银行中的风险管理部一样，其实就是危机预防机制的制定者和执行者，其职能应该是"预防"大于"救急"。

中国人比较喜欢回忆过去，有着浓厚的历史情结，家乡对于大多数人意味着记忆和痕迹，逢年过节亲朋聚首，经常遥想当年、回忆过去。我们的影视作品也以历史题材居多，而美国的大部分影片则以未来科幻的方式展示自己的实力和价值观。而作为管理者，更需要用"未来心"创造未来的价值。

通过多年的观察，笔者发现，有一种人无论是在什么类型的组织中，都能够得到快速发展与晋升。这样的人通常具备三个特质：第一，敢于思考未来；第二，勇于超越领导的期望并愿意承诺；第三，能够长期坚持说到做到。在这三个特质中，首要的就是"敢于思考未来"，因为不管你愿意不愿意，未来总会到来，你是被动地等待未来的到来，还是主动地规划未来，这是自己可以选择的。部门级以上的管理者思考未来的时间段一般为三年，至少要两年。凡事预则立，不预则废。

一个人，不为未来着想，是没有前途的。一个国家、一个民族，如果只一味地回忆过去，是没有希望的。管理也是如此，管理者必须向前看，把大部分的精力放在经营未来上，这样的企业才有希望，队伍才更有朝气和斗志。

把演绎的问题转化成事实的描述

什么是演绎？基于个人的经验、假设和感觉，得出各自结论或主观推论的过程，称为演绎。每个人的大脑结构差不多，只是心智模式差别很大。心智模式与每个人的生活环境、阅历、情感经历、教育程度等有直接关系。不同的人对同一件事会有不同的观点和结论，不同的观点在团队中难以达成共识，大家会产生不同的认知。

比如，我们会用很多形容词描述一个会议室，气氛热烈、金碧辉煌、宽敞明亮等。但对这些描述不是所有人都能达成共识，因为每个人在描述的时候，对这些词语的定义其实是不一样的。在工作中，我们也会用同一个词表达不同的意思。主观演绎，就是人们通过自己的认知系统将一个事实对外进行描述，因为加入了自我的主观认知，所以与事物的原本属性、性质、特征等产生了认知的偏差。如果换成事实的描述，相信大家能很快达成共识。比如，会议室的长度和宽度分别是多少，会议室中有多少盏灯，每盏灯的瓦数是多少，有多少人参加会议，会议讨论了哪些问题，等等。对这些基于事实的描述，大家也就能认同了。

那么事实与演绎的区别在哪里呢？事实往往一经说出来，其他人会立刻无条件同意。而演绎，由于每个人的标准不一样，因此我们会经常看到"鸡同鸭讲""驴唇不对马嘴""公说公有理，婆说婆有理"等现象。如果这些现象发生在企业的日常管理中，就会造成难以计量的损失。

作为管理者，平时的表达往往演绎多于事实。由于工作中存在大量的演绎，因此，每一个主观演绎之后，我们都试图用大量的数据去支撑和证明。例如，某员工积极向上、工作认真、勤恳耐劳，市场太困难，员工能力不够等，这些需要大量的事实和数据加以证明，进而才能为下一步管理动作提供基础和证据。如果缺乏事实数据的支撑，演绎就成了理由、说辞和情绪。演绎的价值在于个人情感和情绪的表达，而事实的价值在于支撑个人的专业性，所以管理者需要通过事实和演绎的调和，一方面显示专业性，另一方面体现管理中的个人魅力。

在日常工作和汇报中，我们应该将演绎的问题转化为事实的描述，只有这样，我们的管理沟通才会高效和准确，我们才能被称为专业的管理者，才能解答企业管理这道严谨的、逻辑的、量化的"数学题"。

IPP 国际管理认证体系

企业投资管理者能力成长的目的不是帮助他们成为某个领域的"学者"或者"知识分子",而是期待他们能够通过管理理论和工具的应用,帮助企业解决实际问题、提升收入、降低成本、获得利润的成果。经过十多年的沉淀,GPS-IE®管理改进系统获得了ISPI(国际绩效改进协会)的认同并授权,成为该协会全球认证体系的成员:IPP(国际绩效改进师)认证。由此,诞生于中国的管理理论"GPS-IE®管理改进系统"开启了为全球管理者进行专业认证的征程。

驾驶员需要通过培训获得"驾照"才能持证上岗,未来每位管理者也同样需要持证上岗,我们因此将"IPP(国际绩效改进师)认证"称为"管理驾照"。IPP 国际管理认证体系由初级、中级和高级构成,初级学习如何推动部门的"绩效改进",中级学习如何促进多部门之间的"组织设计",高级学习如何架构企业业务的"战略解码"的顶层设计。

自2018年IPP国际管理认证体系面世以来,数千名中国管理者参与学习并获得了专业的国际认证,他们在各个行业中发挥出巨大的作用。HR从业者通过学习成为企业内部的HRBP(人力资源业务伙伴)和COE(内部专家);业务负责人通过学习可以有效澄清战略并分解目标,促进业务团队的业绩增长;企业高管通过学习可以系统地规划组织的业务战略,清晰地优化组织体系,实现业务战略的转型和升级。当然,也有相当一部分咨询机构的专业顾问通过IPP国际管理认证体系的学习,有效地提升了咨询项目和培训课程的针对性、有效性。

附1 IPP 初级认证的学习目标:
- 澄清业务战略定义与选择职能思路的基本方法。

- 能够对标战略定义部门的输出价值。
- 能够辨析实现部门价值的驱动要素及要素之间的衔接关系。
- 能够基于部门、岗位职责的设置，规范实现价值输出的关键工作行为。
- 能够通过系统化的组织与实施等工作，合理评估改善的结果与目标之间的差距，并重新建立改善的循环。

附2　IPP中级认证的学习目标：

- 描述一个业务线的战略目标和实现路径。
- 根据业务的发展阶段确定盈利、驱动和分配的原则。
- 找到支撑业务发展的多个重点职能的生意模式。
- 设计三个以上关键职能的驱动公式。
- 运用驱动要素进行目标和指标的制定并评价员工。
- 针对每月确定的关键问题进行持续改进。
- 分解三个以上驱动要素的动作。
- 通过业务的会议系统来推进并评价业务绩效。

第1章

目标G：
澄清战略目标

> 有依据、有准备的调整称为"转型",没有依据、没有准备的调整称为"逃跑"。

对于企业整体战略来说,业务战略是支撑整体战略实现的重要板块,本书讨论的重点将围绕业务战略转型的设计、分解和执行来展开。企业整体战略的达成转型,需要多条业务线相互协同、支持、掩护,每条业务线都有它的基础定位,首先要说清楚的是业务的愿景、使命、价值观和战略。

愿景是指期望该业务成为一个什么样的业务,为谁提供经营服务,通过市场的聚焦,能够集中有限的资源和精力,准确地为服务对象创造价值。愿景可以帮助成员建立起立足未来追求的场景描述。

使命是指该业务将改变什么,什么会因为该业务而不同,给客户带来什么与众不同的价值。使命帮助成员形成超越短期利益的神圣感。

价值观是指该业务未来选择的依据是什么。如果价值观不稳定,成员对业务发展中的选择原则将变得模糊,所以,价值观将指导业务发展中成员的行为选择。

战略是指该业务未来的目标是什么,实现的基本路径有哪些。达成目标的路径有很多种,该业务将选择哪些路径才能保持可持续发展。

业务战略目标是业务发展的灯塔,如果业务战略不明确,该业务就会成为航行在茫茫大海上的轮船,没有方向,无法使内外部合作伙伴齐心协力,共创未来。传统的业务战略设计的特点是"用历史的数据预测未来",这样的思路需要有一个前提,即环境是稳定的。在外部环境变得越来越不稳定、不可控、不可预测的情形下,如 VUCA,战略设计往往会变成"赌场押宝"。如何提升业务战略转型的成功率呢?我们将尝试通过业务转型的四个阶段来揭示战略设计中的基本规律和背后的逻辑。

目标G： 澄清战略目标　第1章

业务转型的四个阶段

按照业务发展中的"新增市场空间"和"客户成熟度"两个维度，可以将业务分为以下四个阶段。

萌芽期：新增市场小，客户不成熟；起步期：新增市场大，客户不成熟；发展期：新增市场大，客户成熟；成熟期：新增市场小，客户成熟。

萌芽期

企业转型需要不断发展新的业务，萌芽期是新业务的孕育阶段，此时新业务能够批量地孕育，对企业未来的持续发展起着决定性的作用。新业务通常的特征是"新"，包括新技术、新产品、新模式、新市场、新团队等。因为一切从头开始，甚至没有任何可以遵循的经验和数据，所以新业务的开发注定是一场充满挑战的旅程。

在这个阶段中，大规模的市场需求没有被激发出来，未来的客户还不了解该业务，他们会抱着怀疑的态度面对新事物。为此，他们不会快速地为新业务买单；供应商也看不清业务发展的前景，不敢也不愿参与大规模的投入；在这个阶段参与进来的投资人通常被称为"天使投资人"，天使是指那些有爱却没有企图的人，他们投资主要看重业务开发的人而不是业务本身。

业务流程、标准、政策等，需要尝试、验证、修正，此时员工队伍还不够稳定，经过长时间的努力，最终业务无法大规模推广，导致员工流失的情形也时有发生。总之，业务萌芽期是一个"寂寞的季节"，就像冬天一样，气候寒冷，万物冬眠，看起来一片萧条。但是，冬天恰恰是孕育希望的季节，瑞雪兆丰年，越是寒冷的环境往往越能够培育出伟大的新业务。

起步期

业务的起步期是春天，大地回暖，万物复苏。在这个阶段，市场需求开始破冰，新增市场迅速放大，业务也会吸引许多企业注意并跟进。在这个阶段，业务的主要特点是"快"，包括业务增长快、需求变化快、竞争转化快、政策调整快、员工发展快等，业务进入了热血沸腾、人心激昂的阶段。

这个阶段的主要矛盾是需求大、客户不成熟、供给完善，快速放大的需求，导致更多的企业投入该领域，但此时客户对该业务的认知和理解并不成熟，业务没有形成通用的标准，大量的精力和资源被消耗在关系建立、需求澄清、质量修补等业务活动上。由于客户担心成为不成熟供应商的"小白鼠"，所以变得更加谨慎，他们需要了解多家供应商并反复交流后才能做决定，而且初始的业务规模也不会太大，于是，各个供应商为了获得该业务的先机，会不遗余力地推动和客户的合作，关系战、价格战、服务战就会不可避免。

提前到来的"战争"会很快扰乱业务的良性发展，需要龙头企业来平息纷乱的状态。在这个阶段，供应商、员工、银行、投资人等利益相关者会选择站队，看似繁荣的市场，其实充满了不确定性。起步期就像春天一样，生机盎然、蓬勃发展，具有优良品质的种子会迅速破土而出，把握大好的春光，茁壮成长，成为春天的主旋律。

发展期

业务的发展期是夏天，在充足的阳光、雨露的滋润下，万物快速成长，但此时，狂风、暴雨、烈日等也会随时光临。进入发展期后，新增市场继续保持放大，并且客户变得更加成熟，成熟的客户对业务形成了理性的识别能力，业务进入的门槛越来越高，已经进入的企业面临着老客户一轮又一轮的挑战。

在这个阶段，业务的主要特点是"稳"，包括市场增幅稳、客户需求稳、供应链关系稳、员工队伍稳、竞争态势稳等，业务进入了稳健发展、运营为王的阶段。这个阶段的主要矛盾是运营失误导致客户投诉，组织壮大导致机构臃肿，竞争对手势均力敌导致资源消耗，外部资源快速进入导致决策效率放缓等。

进入发展期的业务从"春秋"走向了"战国"，少数几家企业抢到了入围的门票，竞争格局开始分化，几家企业进入"竞合"阶段，希望通过竞争获得更大的市场份额，通过合作来保持业务的整体利润空间，但处于外围的小企业期待进入核心层，他们往往采用低价、特色服务等策略而成为搅局者。客户为了不被供应商所控制，会采取与多家供应商合作的方式，保持供应商的竞争态势，来维持甲方的主动地位。在运营中由于产品质量、合作政策、人员异动等变化因素造成客户不满意的情形，往往会成为竞争对手侵占份额的好机会。

所以在这个阶段，大家的竞争关键在于运营能力，政策、流程、标准的稳定性，这些方面决定了与客户关系的持续稳定。发展期就像夏天一样，万物恣意生长、充满生气，但也会随时遇到危机，面临灭顶之灾，发展还是维持、求快还是求稳、做大还是做强，成为发展期里业务负责人的主要纠结点。

成熟期

业务的成熟期是秋天，秋天是收获的季节，秋高气爽、万物归仓。一年中的收成主要看秋季，秋季储备不足，将面临艰难的寒冬。进入成熟期的业务，其新增的市场开始下降，客户却更加成熟。在这个阶段,业务的主要特点是"创"，包括创新技术、创造产品、共创模式、共创机制等，业务进入了创新驱动、模式复制的阶段。

在成熟期，某些客户的成熟度甚至已经超越了供应商，他们会提出更加超前、细分、个性化的需求来等待满足。如果企业为了满足个别客户个性化的需求，则无法产生规模化的效益；如果不理睬客户的这些需求，则容易被老客户抛弃。这个阶段的业务陷入两难的境地。

成熟期的业务需要从"追随客户需求"的阶段走向"引领客户需求"的阶段，通过采集新老客户的需求，加强技术的研发、产品的开发和模式的设计，迅速站到市场中"不可替代"的位置，将新老客户纳入"共赢生态圈"中，从而完成业务从量变到质变的转型。

这个阶段的主要矛盾是技术升级、产品升级、模式升级带来的组织变革、流程优化、人才发展等，部分老员工会因为不适应而选择离开企业，部分客户因为跟不上企业的发展而被淘汰。同时，运用核心技术和数据进行业务并购来扩张已成为重要手段，这也给企业的发展带来了全新的机遇。总之，成熟期就像秋天一样，生存还是死亡成为这个阶段的关键词。没有完成转型的业务会很快萎缩，而转型成功的企业会骄傲地说："冬天来了，春天还会远吗？"

业务转型的四个阶段如图1.1所示。

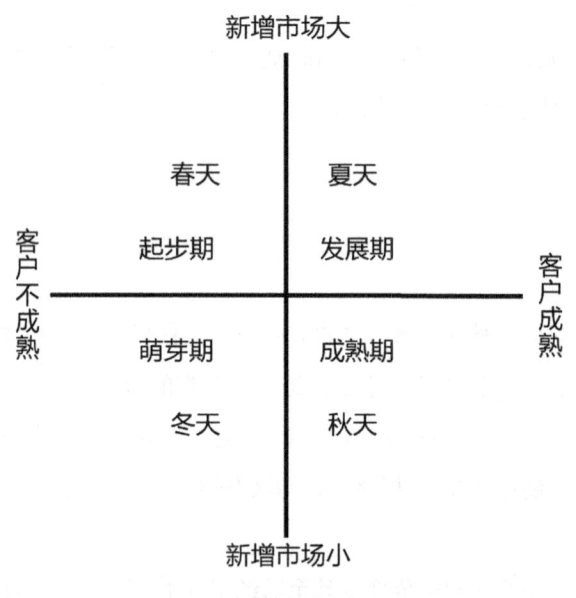

图1.1 业务转型的四个阶段

不同阶段的工作重点

萌芽期的业务原型

俗话说"三岁看大,七岁看老",意思是通过人小时候的行为能够看到成人之后的影子,因为人在这个时候已经开始形成价值观体系了,并表现在基础行为上。业务同样如此,萌芽期的发展往往会决定该业务发展壮大之后的样子,因此,我们需要在业务萌芽期进行更加科学、系统的设计,这样才能避免业务成长过程中的"设计硬伤",这就是"业务原型"。业务原型如表1.1所示。

表1.1 业务原型

关键过程增值活动	关键过程增值活动	关键过程增值活动	1. 用户画像 2. IP概念 3. 业务方案	关键过程增值活动	关键过程增值活动	关键过程增值活动
4. 设计 %	5. 供应 %	6. 生产 %	7. 运营 %	8. 市场 %	9. 销售 %	10. 服务 %
11. 交付成本			12. 运营成本		13. 销售成本	
14. 奖金核算公式		销量×单价×交付率×(毛利率-税率-利率-折旧率-损耗率-风险率)×50%= 可分配奖金总额				
15. 盈亏平衡目标							
16. 增加奖金公式		增量可分配奖金额/增量销量=单件可分配奖金额				

什么是原型?软件开发中,只有做好了软件原型并经过确认后才能进行大规模开发,前提是两个跑通:一是跑通了模式;二是跑通了数据。如果没有确认业务原型就开始大规模开发,说明整体的架构工作没有完成,这会导致软件在未来的交付过程中出现大量的错误,不仅开发效率上不来,还会造成巨大的损失。

开发一个新业务同样如此,甚至比开发新软件更加复杂,因为软件开发的重点是搭建应用需求和技术实现之间的逻辑，而业务开发不仅仅是在需求和功能、需求和技术、需求和客户、需求和供应链等多个因素之间形成综合的设计，还要以能够顺利上市、销售并获得回款为目的。这里，我们介绍打造"业务原型"的几个方面：客户需求概念、业务产品模式、交付质量控制、获客转化方式、成本利润核算、绩效评估分配等。

客户需求概念

新业务的设计首先需要考虑的是客户主体，客户的定义是：对某项业务具有需求和评价能力并具有购买权利和购买能力的责任主体。在不同的业务环境中，客户是不一样的，定位于零售业务的客户是消费者，但定位于批发业务的客户是商家。由于客户的定位不同，所以产生的需求概念不同，消费者更加看重产品的功能属性和综合性价比，而商家更加看重产品的商品属性和利润空间。

同时，在打造业务概念时还要考虑客户认知的成熟度和竞争环境的激烈度。比如同样面对客户主打"性价比"，在客户认知不成熟且竞争环境不激烈的前提下，可以用"低性能""高价格"的方式来培养市场；当客户认知不成熟但竞争环境开始激烈时，可以用"低价格""低性能"来参与竞争；当客户认知越来越成熟且竞争越来越激烈时，就要采用"低价格""高性能"来抢夺市场份额，并顺势推出新的业务进行协同。

业务产品模式

确定了客户对象和需求概念之后，后端开发的系列内容都要一以贯之、前后一致。如果针对客户主打"性价比"的业务概念，在产品原材料的选择上、交付工艺的打造上和服务体系的建立上，就要紧紧围绕"性价比"这个特点来展开。在原材料的选择上，需要"高性能有说法、低价格易采购"的特点来形成卖点，在交付工艺和服务体系上尽量保持"自助式"，以控制交付成本。

交付质量控制

新业务能够顺利上市并形成规模，不仅仅取决于销售能力，还取决于交付能力，因为首单采购依靠销售的价值塑造来影响客户尝试，但客户是否重复采购更多体现在对交付端是否持续满意上。交付方面主要包括原材料供应、技术和生产、售后服务等方面。在设计业务原型过程中，需要确定几个不同的并发（同时交付）交付等级，来对这几个方面进行压力测试，并形成质量控制体系，从而在销售给客户时提供质量标准的支撑。

获客转化方式

在打造业务原型时，开发团队除了要做技术测试、功能测试，还要进行"销售测试"，目的是促使开发人员必须从业务创意开始，始终站在客户的角度思考，坚持以"可销售、能回款"为开发目的，否则，新业务的开发很容易出现"闭门造车"的状况。因此，如何获客和如何转化这两个方面也要在业务原型中体现，只有开发团队把新业务销售出去并形成"获客转化"的初步标准，新业务才算是正式"上货架"，并给销售和生产团队定下KPI。当然，开发团队负责销售不一定是由开发团队的人员直接去销售，也可以借助于销售团队，但这个阶段的"可销售"的责任主体是开发团队。

成本利润核算

新业务能否销售回款在于销售模式的测试，但是销售之后能否产生利润就取决于业务的毛利率。在打造业务原型时，需要反复对业务的毛利率进行核算，主要从这几个方面来核算：第一，市场同期的竞争业务的定价水平；第二，不同销量前提下业务的毛利率；第三，前期投入市场时预亏的周期和预亏额；第四，该业务上市后的最大亏损额，即一旦业务亏损超过一定的标准就撤回不干了。成本利润核算的关键一方面来自变动成本的控制，另一方面来自新业务推进的效率。一旦上市计划推迟，就会导致公司的固定成本和机会成本上涨，从而加大了新业务上市的风险。

绩效评估分配

在业务原型设计中，还需要规划好业务的绩效评估标准和绩效分配方案，每个业务都由价值创造、价值实现、价值传播和价值延伸多个方面构成。为了能够保障业务持续、健康地发展,需要对业务价值实现过程中的利益相关者进行价值评估和价值分配的设计。在设计绩效评估和分配标准的过程中,需要体现出业务核心岗位和职能的价值,也需要考虑支撑性职能和岗位的价值。一旦形成价值切割标准,就会激发整个团队共同努力、将业务做大做强的意愿。

总之,以上六个方面构成了业务原型的设计全貌。当能够整体思考新业务开发的结构和内容时,我们才能在业务的起步阶段确保"一次性将事情做对",前端花费的精力越精准,后端的发展越顺利,能少走弯路、多创效益。

起步期的销售突破

当业务原型打造成功之后,业务将在组织内部进入起步期。起步期是指客户对该业务还不够熟悉,且市场需求潜力很大的业务阶段。如果用一年四季来举例,萌芽期好比是冬天,冬天的特点是苍茫大地、冰雪覆盖,但冰雪以下充满着许多生机和希望,而起步期就是春天,春天是冰雪融化、生机盎然的季节,各种植物开始破土、发芽、遍地开花。

起步期业务的特征

起步期的业务处于业务原型刚刚被验证的状态,企业开始大规模发展该业务,万事开头难。一方面,客户对该业务并不完全了解,企业需要进行大量的教育、引导、传达、推广等基础性工作,不仅是在为企业开发新客户,还是在为行业开发新客户,这个阶段的投入产出比往往不高;另一方面,企业内部的组织能力和人员能力建设也刚刚开始,许多新员工上岗,除了工作热情其他能力几乎没有。稚嫩的团队遇到难啃的市场,其结果可想而知,此时就需要团队负责人具有强大的士气感召力和不屈不挠的精神。

这个阶段就像青春期的男孩,勇敢且叛逆,敢拼且脆弱,团队的不稳定是正常的，业务过程中所犯的错误也是正常的，激情和反思是这个阶段的主旋律。当有一天回顾业务发展过程时，这个阶段往往不是最完美的，却是最值得大家回忆的。很多优秀的做法在这个阶段得到创新，很多优秀的员工在这个过程中凸显，甚至很多优质的客户也会在此时出现，起步期管理者的风格和此时形成的团队文化同样影响深远。

两种销售突破的路径

业务原型通常是某一类业务在某一类客户身上被验证通过，一旦进入起步期之后就需要管理者进行选择，是围绕一个业务放大客户的数量，还是围绕一类客户放大产品的数量？对于企业来说，这样的选择是大规模销售的前提，选择不同，做法不同，对组织所需要的支撑能力和资源要求也不同。选择前者，就意味着选择了"推广型销售模式"，接下来要思考的是用户画像、渠道开发、人员培养、团队建设、机制设计等；选择了后者，就意味着选择了"服务型销售模式"，针对规模较大且需求稳定的客户，要对需求进行梳理，思考技术路线、产品组合、商品开发、质量控制等。

在实践过程中，往往在业务的前期选择"推广型销售模式"比较多，因为这种模式能够快速地扩大规模，主要依赖于团队的销售能力建设。如果选择"服务型销售模式"，面对的客户规模通常比较大，在满足客户需求时对综合能力的要求也比较高，除了要具备"大客户销售能力"，还要有其他职能的配合能力。因此，从短期来看，选择前一种模式的业务能够快速做大，但如果没有后一种模式与之匹配，这个业务往往难以持久。

起步期的常见弯路

企业在推动业务进入起步期之后，可能会经历几个方面的弯路。首先就是"过度的完美主义"。特别是那些原有业务已经很成功的企业，在推出新业务的时候心里背负着巨大的包袱，要么不做新业务，要么做到最好。拥有这样的心理当然是好的，但每一项业务都有自身的特点，在刚刚起步时不一定完美。如果遇到一点不完美的地方，就让业务停下来，这个业务可能就永远无法完美了，因为好的产品和服务是在与客户的互动中逐步完善的。

其次是"极高的客户主义"。很多企业会把"客户满意"这个指标放在很高的位置，只要客户提出不满意的反馈，就会带来一系列的处理和优化流程。当业务进入快速发展和成熟阶段时，"客户满意"的指标的确非常重要，但在起步期，许多客户其实对业务并不熟悉，他们提出的某些反馈不一定专业，甚至不一定有道理，如果这个阶段在意每位客户的意见和反馈，往往就会失去快速发展的时机。这好比长跑比赛一样，刚刚起步时不一定要使出全力，而要根据竞争环境逐步适应。对于起步期的业务来说，这个阶段最重要的指标之一是业务规模，规模决定了成本优势，规模决定了行业品牌，规模决定了员工留存。总之，在这个阶段，巨大的发展可以容忍一定的混乱。

运营职能的发育

企业在起步期需要依靠销售能力的建设，但很多企业"成也销售，败也销售"，从而出现"三年之痒"的状态，即良好的销售状态经常维持在三年左右，三年后会出现客户大量流失、团队开始分裂、优秀员工带着资源另谋出路等现象，从而形成销售的瓶颈。为什么会出现这种情况？随着新员工不断地开发新客户，新员工变成老员工，新客户变成老客户，当老客户继续购买产品时，老客户将更加专业且要求更高，签约后不满意就会找老员工帮忙处理，于是那些销售越好的老员工就会花费越来越多的时间在企业内部帮助协调，没有时间开发新客户了。企业就开始招聘大量新员工，于是就出现了很奇怪的现象：没有能力的新员工在努力地做难度较大的工作——开发新客户，而能力很强的老员工在做着很简单的"服务老客户"的任务，新员工成不了单，老员工开发不了新客户，因此整个销售的瓶颈就开始出现了。有些企业开始尝试做相应的调整，比如重新分配客户资源，或者重新调整考核指标等，这就很容易造成老员工离职，老客户因得不到延续性服务而流失，"三年之痒"开始出现。

要避免这样的情况发生，需要提前具备"运营职能"，需要从客户、老员工、新员工的价值需求出发，思考如何做才能帮助大家创造更多的价值。运营职能部门的核心是在不影响自身利益的前提下，协助其他部门提升业绩。对于老客户的更高需求，运营部门要整体协调解决，客户的不满意往往来自交付部门的兑现漏洞，而交付则不是哪个部门单独的事情；对于老员工和新员工，运营部门需要重新梳理流程，让他们发挥各自的优势，促进他们形成配合，并在机制上保证大家愿意合作等。这些都是运营部门需要设计的。

起步期以销售能力建设为主，但销售业绩的好坏并不完全由销售部门决定，跟其他部门（包括生产、供应链、运营等）的整体配合关系很大。在这个阶段，多个部门协同，快马加鞭、乘风破浪，迅速站到行业的第一阵营尤为重要。

发展期的风险防范

随着业务的逐步发展及品牌影响力的逐步提升，业务开始进入发展期。发展期是指客户对该业务越来越熟悉，且业务的需求空间仍然很大的业务阶段。到了这个阶段，企业与老客户的关系逐渐稳定，一些新客户会慕名而来，业务团队越来越成熟，会获得更多新客户。因此，业务就形成了一派欣欣向荣的美好景象。我们把这个阶段比作夏天，夏天是万物生长的季节，因为夏天的阳光、雨水比较充足。但是夏天也是充满灾难的季节，阳光多了就成了烈日，雨水多了就形成了洪涝，再加上夏季频发的台风，都会对快速成长的生物产生毁灭性的打击。

发展期业务的特征

如果把起步期称为混战的"春秋时期"，那么发展期就是争霸的"战国时期"了。少数业绩不错的企业进入市场的第一阵营，彼此开始进行正面竞争。多家竞争对手围绕"市场份额"展开拉锯战，大家在价格、产品、服务、促销等方面纷纷出台政策，客户乐见其成，便成为墙头草，谁给的好处多就偏向谁，于是这场拉锯战很快变成旷日持久的"消耗战"。由于市场空间相对较大，虽然大家会比较辛苦，但各自的业务都能得到快速发展。

进入这个阶段，多数公司都会有机会获得大量的外部支持，一方面大家都能看到"风口"已经到来，此时参与进来可以"稳赚不赔"；另一方面大家都希望选择其中某一家进行押宝，并希望这一家能够在"战国七雄"中胜出，获得最后的巨大红利。所以一大批人愿意出钱、出人、出力，政府、投资机构、上市公司等会提供大量支持，从而在客观上强化了市场竞争的激烈程度。

快速发展带来的风险

风险总是经过伪装之后才会来到我们的身边。客户源源不断，投资人不离不弃，员工热情高涨，政府全力支持，这样的好事几乎天天都在发生，这也给企业的领导团队造成"晕眩"的假象，殊不知越是繁花似锦的景象背后往往越是危机四伏。业务的快速发展必然带来大量的支持性需求，但管理能力、运营能力跟不上，自然会对"合格交付"带来风险；同时，竞争对手开始充分竞争，大量的外协资源加入。一家企业的业务快速发展，就意味着另一家企业的市场份额遭到蚕食，对方一定会想办法阻止，既有可能采用桌面上的明招，又有可能使用桌面下的阴招。总之，企业在这个阶段很容易出现"内忧外患""防不胜防"的状态。

看似繁荣的景象容易导致领导者头脑发热，使领导者做出轻率且错误的决策。京东战略布局物流和仓储，经过十多年的卧薪尝胆、负重前行，在盈利有望并且能够凭借强大的服务能力在电商领域一骑绝尘的前提下，发生了"明州事件"，导致整体战略部署被完全打乱，扩展的速度大大降低；红黄蓝幼儿园短短几年，凭借强大的品牌和连锁模式，迅速攻城略地，在一家"幼教霸主"即将诞生之际，"虐童事件"发生，在媒体的推波助澜之下，不仅红黄蓝教育机构停止了发展脚步，整个民营幼教行业均受到巨大影响。这样的商业案例几乎每年都会出现，只是在不同的行业、不同的事件中重复发生着。

防守的价值

通过观察可以看到，多数企业善于进攻，却不太善于防守，进攻时能够享受可以主动控制的"势如破竹""一马平川"的愉悦感，而防守却要承担长期研究对手并"夯实基础""查漏补缺"的孤独感。这就导致中国企业"重经营、轻管理"的普遍现象，甚至很多企业连"经营"规划都做不好，更多的是重视"业务"，只考虑短期的业务收益，不考虑组织的长期发展，用"贸易思维"代替"组织思维"，必然会阻碍组织的发展，让组织可以走得快，但是走不远。

在发展期需要形成整体组织的防守意识，不管业务发展有多么快速，都不要战战兢兢、如履薄冰，要从客户需求、员工需求、竞争态势的多个角度出发，提前分析可能存在的"隐患"并形成处理的流程。运营职能需要研究产销失衡带来的隐患，客户服务职能需要研究老客户购买之后因"交付不满意"带来的隐患，市场研究职能需要研究新客户的需求变化和竞争对手的策略变化带来的隐患。这几个职能的发育对于一家企业来说极其重要，是从"求速度、求规模"的短期经营思维走向"求质量、求平衡"的长期经营思维的重大转变。实践证明，具有长期经营思维的企业的发展会更加稳健。

平台化转型的前提

发展期所做的防守型工作不仅让业务在当下更加稳健，还为业务未来的平台化转型打下了基础。很多企业希望业务未来走向平台化，依靠第三方付费的模式可以获得市场的先机且能够轻松盈利。这种愿望固然值得肯定，但更要考虑实现平台化的路径，别以为花钱做了一个 App 就是平台了，不要以为建了一幢大楼就形成商场了，这只是完成了基础设施的建设。要真正进入平台化的阶段，需要构建两个前提：一是设计出具有先进性的生产模式；二是形成贯通全业务的数据逻辑。

所谓平台化，就是企业能够成为更多合作伙伴赖以生存和发展的基础平台。那么就要回答"合作伙伴凭什么对我们产生依赖"的话题。"穷则独善其身，达则兼济天下。"首先，只有形成比合作伙伴更加先进的生产模式才能实现"达"的状态，从而形成具有价值落差的势能，影响更多的人合作发展。其次，平台化的持久性在于平台本身具有"自生长、自沉淀"的特点，否则这个平台只对别人具有一次性合作的价值，而不具备长期合作的价值。只有在建立起贯通全业务的数据逻辑的时候，所有平台及合作伙伴的互动行为才会沉淀成数据库，从而形成平台自身不可替代的行业属性和价值，才能保障平台的稳健发展。

发展期是业务增长的关键时期，既要保障业务稳健增长，又要为未来的转型升级打下基础。在这个阶段，"探索"和"苦干"是主旋律，只有放下身段，以客户为中心，从一件件微不足道的事情做起，才能"积跬步至千里""积小流成江海"。这是企业转型升级最为重要的环节。

成熟期的模式创新

业务能够安全度过发展期，就进入了成熟期。客户对业务已经非常熟悉，购买习惯已经养成，长期的客户关系也趋向稳定，新增的客户虽然不多，但进入市场参与竞争的对手数量大大减少，我们把这个阶段称为"秋天"。秋天是收获的季节，如果业务能够坚持到秋天，这个业务的投入产出就能够实现最大化了。但是幸福的时光总是短暂的，能够收获的秋天也很短，很快就会进入冬天。

成熟期业务的特征

到了这个阶段，行业中的新增客户越来越少，大家在存量的市场中经过惨烈的竞争之后，能够坚持继续战斗的企业所剩无几，一些看不到希望的企业逐步退出竞争，空出来的市场被坚守的企业接管，市场的集中度逐步加强。客户在长期接受服务的过程中已经越来越成熟，他们开始对长期合作的品牌产生依赖，新品牌不太容易介入。剩下的几家同行之间会形成一些默契，建立价格、服务、技术、政策等方面的联盟。在相对垄断的大好形势下，联盟成员各自拥有一定的势力范围，共度幸福好时光。

但这样均衡的情况很快被打破，原因如下：

1. 客户的需求变化。成熟的客户对产品和服务提出更高的需求，某些企业乘机扩大市场范围，打破平衡。

2. 更大的资本介入。基于产业整合的需要,某些企业充当其他需求的先锋，调整了利益诉求从而打破了平衡。

3．消费方式发生变化。一些行业政策或业务方式的变化导致消费和采购的方式发生变化，大家在匆忙应对中打破了平衡。

永不衰退的业务需求

旧的模式被打破,新的模式就要建立起来。在产品的生命周期理论中有"衰退期"的说法,我们在建立新的模式时却没有用"衰退期"来表达。有位禅师跟我说过："生命就像一朵浪花,扎根于大海之中,生命没有消失,只是暂时的回归,很快又会形成另外一朵浪花。"这为我们分析业务带来了启发,业务的需求中一直存在的是吃、穿、住、行、聊、游、娱、购。比如在"社交"需求中,"信息交换"的需求其实一直存在并不断地被发扬光大,但从固定电话、BP机、小灵通,到模拟手机、智能手机,再到穿戴设备,这些作为"信息交换"业务方案的原材料,在网络基础设施的升级改造中逐步被替代。

那些业务率先走向成熟期的企业作为"秋天收获"的主体,往往会抗拒迎接冬天的创新,成了"后知后觉的领先者"。比如当胶卷时代的柯达面对数码相机的市场、模拟手机时代的诺基亚面对智能手机的转型、磁带随身听时代的索尼面对数字娱乐播放器的崛起时,它们曾经都是某一领域的霸主,甚至是先进技术的发明者,但由于既定的利益格局让它们固守秋天,所以失去了下一个春天。海尔集团的张瑞敏因此而感慨："没有永远成功的企业,只有属于时代的企业。"

四大关系推动模式创新

成熟期的业务只有随时准备模式的创新,才能度过转型期。因为创新的过程常常充满艰辛,所以才有了那句话:企业不创新就是等死,但创新就是找死。

创新是一个技术活，需要有基本的原则进行指导。我们认为创新的底层逻辑是"系统思考"，需要关注的不是某一个事物本身，而是事物与事物之间的相互关系，从而帮助我们看到新的趋势和模式。创新就是重新构建关系，我们总结了四大关系：人、物、时、空。

第一，重构人与人的关系。比如重新定义客户，从渠道下层到终端消费者；将客户、员工转变成股东，构建利益一体化的组织形式；从命令式的科层管理转变为支撑式的倒三角管理，极大发挥员工的自主能动性。第二，重构物与物之间的关系。智能手机的发展就是持续集成了语音、网络、音乐、相机、阅读器、钱包、购物平台等多种功能，未来的智能汽车同样会重构物与物的关系，成为可移动的物联智能设备。第三，重构时间的关系。这种关系包括当下和未来的收益关系、白天与黑夜的互补关系、东西半球的时差形成的资源再配置的关系、长时间与短时间的效率革命的关系等。第四，重构空间的关系。比如医生的职业资格放开带来治疗场景的创新，企业通过人才获取的空间前置来自建教学体系，商场开发屋顶空间形成仓储物流系统来提升坪效等。

技术是模式创新的基础

创新的目的是通过提升效率来增强竞争力，创新的基础是持续积累的技术意识和能力。创新不是有了突发奇想的点子，而是基于客户导向、未来导向的价值观不断探索，有时候探索失败，有时候探索成功，终有一天回头一看，量变推动质变，巨大的创新带来了企业发展的差异化。能够把多个创新点集成且引爆价值的恰恰是技术。很多企业在发展过程中最大的浪费不是在生产、采购、物流过程中形成的浪费，而是没有积累有效的业务过程数据和终端客户数据，从而影响了技术的开发方向和功能实现。

业务进入成熟期后，拥有核心技术的企业能够获得创建平台化的机会，从单一的服务终端客户转化成服务同业。"技术＋产品＋模式"整体解决方案具备更大的市场竞争力，提升技术壁垒所获得的主动权可以降低业务部门同客户的沟通成本，技术保障质量可以提升客户满意度、降低客户流失的成本等。当企业的综合效率优于同行时，会有不少同行主动选择投靠，企业可以借助资本的力量展开行业整合、逆势增长、布局未来。

到了业务的成熟期，模式的创新将成为主题词，学如逆水行舟，不进则退。业务的运营同样如此，即使进入了成熟期，也不能为短期的满满收获而忘乎所以。只有未雨绸缪才能决胜未来，模式创新、技术创新是未来获取胜利的关键和基础。

业务的三大盈利模式

业务的盈利模式简单地说可以分为以下三种：

差价模式：传统商品贸易多数采用差价模式，低价进货，高价卖出，赚取其中的差价部分。

服务费模式：给客户提供服务来获取收益，一方面服务本身可以获取收益，另一方面服务可以掩护原有产品的差价。

平台化模式：通过挖掘现有资源来获取衍生性收益，可以运用平台的价值销售自己的或别人的新产品，也可以通过平台互换资源以获得价值。

差价模式

差价模式是过去多年来多数企业的主流模式，因为差价模式的本质是贸易，包括时间差、空间差和信息差三种方式。差价模式的业务很容易扩大规模，但差价模式由于模式简单导致竞争壁垒较低，当更多竞争对手出现后，很容易形成"价格战"的困境。因此，差价模式的业务规模看似很大，却因低价、垫资、库存、价格波动等原因导致利润越来越少，业务风险越来越大。

服务费模式

当差价模式难以维持的时候，企业开始考虑转型，转型的主要方向是服务，如系统集成企业开始做IT服务、家具企业开始做设计服务、大型设备企业开始做维保服务等。但服务转型看起来很美好，过程却异常艰辛。因为服务需要有大量的投入，并且回报在短期内难以看到，所以转型服务不能为了"服务"而服务，而要带着两个目的来展开服务，即探索面向未来的服务模式和沉淀服务过程的数据。通过这两个方面的积累，企业可以为平台化模式转型打下基础。

平台化模式

互联网的快速发展激发了很多企业的互联网思维，许多企业虽然处于差价模式的阶段，但心中都拥有伟大的平台化梦想。平台化其实是一场"勇敢者的游戏"，最终仅有少数人胜出，因为平台化的特点是"赢家通吃"，要么做老大，要么彻底失败，互联网界很难存在第二名就是这个原因。平台化转型的过程必然是一场腥风血雨的战争，没有坚定的愿景、充足的资源、坚韧的品格和扎实的质量，参与者往往很难走到最后。

平台化模式有以下四种：

- 运用平台卖自己的新产品。
- 运用平台卖他人的新产品。
- 运用平台的数据资源进行交换。
- 运用数据进行资本运营。

未来无论并购他人还是被他人并购，业务数据的重要性会越来越高，投资界的"赛道"和"赛场"的投资逻辑背后是业务关联数据的逻辑。

家装行业的业务转型

家装行业是伴随着中国房地产行业而快速发展的，起步期业主通常对装饰没有太多的概念,家装公司的盈利模式以"差价模式"为主,即赚取人工差价和材料差价。随着房地产行业的快速发展,一大批家装公司也迅速发展起来,家装行业很快进入了"价格战"的阶段,家装公司纷纷推出"整包式"的服务方式,即给业主承诺在使用品牌材料的前提下按每平方米的价格报价。但有些家装公司却看到了服务增值的机会,随着二次购房的业主增多,业主逐步意识到房子的装修对生活品质很重要,于是家装公司开始加强设计服务,甚至进行设计收费,从而吸引优秀的设计师为业主服务,这样的方式能够切割优质的业主市场,因为只有高端的业主才愿意为设计买单,这样的订单往往价格和利润都很高。当家装公司获得优质的业主资源后,就能够吸引大量的供应商支持,这些家装公司会快速地将原有的材料展厅升级为建材精品市场,不仅能够赚取差价和服务费,还能获得房租、广告、进场赞助等平台费。通过整合这样的平台模式,家装公司形成设计团队、优秀供应商、优秀施工团队三位一体的经营模式,并到各大城市进行复制,从而推动企业健康、快速地转型。

互联网思维也是平台化思维,只是互联网技术的出现,让平台化模式的功能发挥到了极致,采用免费甚至补贴的方式来获取客户端的流量。例如,搜索引擎免费提供给大众使用,同时可以通过广告链接、竞价排名等方式获取利润。传统企业在向互联网企业转型的过程中,面临最大的挑战之一是如何从差价模式转变为平台化模式,没有模式的创新和数据的积累,仅靠投资人的资金来生成模式和数据,这样的方式会面临越来越大的挑战。IBM 的转型过程值得大家参考。

IBM 的转型

自 1911 年成立以来,IBM(International Business Machines

Corporation，国际商业机器公司）已经完成了多次转型。IBM每次转型都受大的时代背景和自身压力的影响，第一次转型是由于当年巨大的亏损和故步自封，第二次转型是受2000年互联网泡沫破灭的影响。

从最早的打字机产品到计算机，IBM的业务以硬件的"差价模式"为主，直到1993年IBM进行第一次转型，开创IT服务模式。当年IBM一年亏损约81亿美元，郭士纳临危受命，在1993年"愚人节"当天接管了IBM，确立了公司从硬件厂商向服务类企业转型的大策略，这种策略开创了IT服务模式，被人们称为"大象跳舞"。

2000年互联网泡沫的破灭殃及计算机、通信等行业，到2002年第一季度，IBM已经连续三个季度出现利润及营收下滑。随后，2002年IBM进行第二次转型，进一步提升"服务模式"，这种策略被称为"随需应变"战略。IBM开始向客户提供对方需求的任意解决方案，进入咨询服务领域，包括整合硬件、软件、服务在内的产品和合作伙伴的产品。

到2009年，IBM提出了"智慧地球"的概念，从此，智慧城市、智慧医疗、智慧教育等说法也得到大范围推广。直到2015年年底，IBM宣布进行第四次转型，同时成为"认知解决方案和云平台公司"，并认为过去积累的数字智能将推动新业务时代的发展，这种策略被称为认知商业。这次转型也被业界认为是IBM具有颠覆性的一次产业转型。在此次转型中，IBM公司发现计算将成为一种通过大型数据中心产生并通过网络交付的服务。

不仅高科技企业会遵循"差价—服务—平台"的转型逻辑，传统企业的转型也一样，比如中国台湾地区的台塑集团在创业初期的情形就验证了这套逻辑的原理。

王永庆卖大米

1932年，15岁的王永庆在台湾嘉义县开了一家米店，从此踏上了艰难的创业之路。那时，小小的嘉义县已有米店近30家，竞争非常激烈。当时仅有200元资金的王永庆只能在一条偏僻的巷子里承租一个很小的铺面。他的米店开办最晚、规模最小，更谈不上知名度，没有任何优势。在新开张的那段日子里，生意冷冷清清，门可罗雀。

显然，进入市场较晚的米店依靠"差价模式"很难打开局面。可怎样才能打开销路呢？王永庆决定从每一粒米上打开突破口。那时候，中国台湾地区的农民还处在手工作业状态，由于稻谷收割与加工技术的落后，很多小石子之类的杂物很容易掺杂在米里。人们在做饭之前要淘好几次米，很不方便。但大家都已见怪不怪，习以为常。王永庆却从这司空见惯中找到了切入点，他和两个弟弟一起动手，一点一点地将掺杂在米里的秕糠、砂石之类的杂物拣出来。一时间，小镇上的主妇们都说王永庆卖的米质量好，省去了淘米的麻烦。这样一传十、十传百，王永庆米店的生意日渐红火起来。

在服务上改进一点点就带来了很大的进步，王永庆并没有就此满足。他还要在米上下大功夫。那时候，顾客都是上门买米，自己运送回家。这对年轻人来说不算什么，但对一些上了年纪的人来说很不方便。而年轻人又无暇顾及家务，买米的顾客以老年人居多。王永庆注意到这一细节，于是主动送米上门。这方便顾客的服务同样大受欢迎。当时还没有"送货上门"这一服务，增加这一服务项目等于是一项创举。

王永庆送米，并非送到顾客家门口了事，还要将米倒进米缸里。如果米缸里还有陈米，他就将陈米倒出来，把米缸擦干净，再把新米倒进去，然后将陈米放回上层，这样，陈米就不至于因存放过久而变质。王永庆这一精细的服务令顾客深受感动，赢得了很多顾客的认可。

通过"送货上门"和"倒米入缸"的服务，王永庆能够记下这户人家米缸的容量，并且问明家里有多少人吃饭，几个大人、几个小孩，每人饭量如何，据此估计该户人家下次买米的大概时间，记在本子上。到时候，不等顾客上门，他就主动将相应数量的米送到客户家里。通过这样的服务，王永庆不仅摸索出"主动营销"的模式，而且采集了大量的客户数据，为他后来多方面经营、扩大生意打下了坚实的基础。

业务的驱动关系

业务战略的实现需要有相应职能的驱动，如果驱动关系不准确，就会导致组织的驱动力下降。业务在不同的发展阶段，驱动这项业务的关键职能也会发生变化。处在萌芽期的业务要依靠机会驱动，负责新业务拓展的部门就需要进行大量的市场调研、参与行业会议、访谈标杆企业，通过这些方式来获得外部信息，获取新业务的机会；当业务进入起步期后，市场份额很低，客户对业务的认知不成熟，该业务想要生存下来，需要重点依靠销售部门，销售部门需要寻找、开发客户，推动客户成交，协助这项业务生存下来。在这个阶段，研发部门要从业务部门的角度，帮助业务部门开发新客户、推动成交。起步期的驱动部门是销售部门。

随着业务的发展，市场范围进一步扩大，客户不断增多，这说明业务进入了发展期这个阶段在留住老客户的同时，还应吸引大量的新客户，因此需要企业加大"运营能力"的建设。这个阶段的驱动以组织运营和人员能力驱动为主，通过提升运营能力，提升新老客户的满意度，逐步发展到能够精准定位业务客户的地步。到了业务的成熟期，老客户继续购买产品的原因是什么呢？是因为和销售部门关系好，销售人员更加积极地服务引导客户去下单呢？还是因为研发部门开发出了更符合客户的产品促使其下单呢？答案往往是后者。到了成熟期，客户更看重的是产品的价值而不只是销售人员的价值。进入成熟期后，驱动部门从销售部门转为研发部门，销售部门要把研发部门当作自己的客户，从过去的拜访客户、开发客户、推动客户首次签约等市场开发职能，转变为采集客户的需求、采集竞争对手的动向、提供新的商业机会和产品机会，为研发部门的客户服务的职能，协助研发部门开发出更好的产品以吸引客户，让客户重复购买。

业务四阶段的驱动关系如表1.2所示。

表1.2 业务四阶段的驱动关系

业务阶段	驱动职能	获利点	关键价值
萌芽期	机会驱动	敏锐	获取市场数据
起步期	销售驱动	灵活	积累客户数据
发展期	服务驱动	稳定	积累运营数据
成熟期	技术驱动	创新	积累技术数据

保险行业在中国的发展多年，最开始保险行业基本属于一片空白，大家都要攻城略地，所以业务部门每天靠陌生拜访、会议营销拥有了很多客户。可是到了今天，大多数保险客户都已经拥有了稳定的保险供应商，空白市场已经变得很小了。那么，在这种情况下，如果还依靠业务人员陌生拜访去搞活动，效果会越来越差。所以，这时公司的驱动部门应该从业务部门转向产品设计部门，或者转向客户服务部门。

某服装企业的业务转型

在江苏省有一家服装企业已经经营了15年之久，他们的客户中有95%是合作超过多年的国外客户，由此说明该企业业务已经进入了成熟期。其董事长一直以来都有一种感觉，认为企业的业务部门和设计部门之间的合作不够紧密,同时他也多次提醒业务部门人员要多和设计部门人员交流并合作,但业务部门人员总是不以为然,他们认为公司多年来的发展主要依靠业务部门开疆拓土,设计部门只是协助业务部门进行设计、打样、修改等工作。

诚然,在业务的起步期,企业主要依靠业务部门四处参加展会、出国拜访等获得订单,但是现在业务进入了成熟期,客户要下新的订单,是继续看重业务部门的拜访,还是更看重设计部门是否设计出了更加畅销的款式呢?当然是后者,因此该企业的业务已经从"销售驱动"的阶段转型到"技术驱动"的阶段。

该企业的董事长明白了这个原则后,立刻采取了以下几项措施:

- 将设计部门改为设计院,由他本人亲自分管。
- 将设计部门人员从偏僻的办公室搬到公司最敞亮的办公室里,并升级设备。
- 推动设计部门的人员参加国际和国内的设计大赛,并将获奖作品悬挂到公司显眼的位置。
- 在公司年会上,请设计部门人员带着作品上台走秀,与客户互动。
- 调整制度,规定设计部门做出"爆款"产品后,在该产品的营收中留下一定的比例给设计部门。

通过以上的具体措施,该公司在进入成熟期后又获得了新的发展机会。

分配方案的匹配

在业务的不同阶段,需要匹配不同的分配方案,萌芽期为预算制,起步期为提成制，发展期为增量奖金池制，成熟期为合伙人制。在不同的业务阶段匹配不同的分配方式，可以持续激励利益相关者的积极性，从而形成长期、稳定、持续的合作关系。

业务四阶段的分配方式如表1.3所示。

表1.3 业务四阶段的分配方式

业务阶段	分配方式	资金来源	利　　弊
萌芽期	预算制	发展基金	保持稳定却缺乏激励
起步期	提成制	业务提成	激发斗志却容易失衡
发展期	增量奖金池制	超额奖金	团队捆绑却上易下难
成熟期	合伙人制	毛利润	上下同欲却易于僵化

预算制

　　萌芽期既是新业务的孵化阶段，也是新模式的探索阶段。在这个阶段，需要依靠有经验、有能力的个人或团队来负责产品和模式的开发，这个阶段的投入，通常以预算的方式进行。由于这个阶段的投入在当期财年中并不能迅速看到成果、产生效益，通常这方面的投入会被当作"发展基金"，用于开发或适应未来市场所需要的新产品、新模式等。为了鼓励处于这个阶段的企业良性竞争，也为了保障新业务开发的成功率，很多企业会设置针对同一个方向展开研究的小组，这种方式被称为"赛马机制"，最终胜出的小组将获得其他小组的成果和资源，以此鼓励大家相互竞争并迅速产出成果。

提成制

　　提成制是很多企业采用的方式。当业务开始起步时，销售团队快速成长并扩展成为业务成长的关键，采用提成制的方式简单有效，可以鼓励销售团队中产出"英雄式"的人物。提成制可以分为销售额提成和毛利提成两种，前者适用于简单交付产品，如食品、家电、保健品等，后者适用于复杂交付产品，如系统集成、建筑工程等业务。提成制也经常被设计成阶梯式提成制，用来鼓励员工向客户销售更多的产品。

增量奖金池制

采用提成制到了一定阶段会阻碍企业的发展，当业务走向了发展期，市场需要整个团队能够相互协同、快速响应、迅速推进。但是很多企业通常遇到的状况是：一方面，前端员工由于有丰厚提成而不再愿意艰苦奋斗；另一方面，后台部门由于分配机制不能满足需要，也没有兴趣进行推进。因此，明明能够看到企业可以进入快速发展期，但是企业的发展速度就是提不起来，这说明到了将提成制升级为增量奖金池制的阶段了。当前、中、后端的部门都能够在增量收益中分一杯羹时，大家就成了利益相关者，这样才能齐心协力、团结奋斗。

合伙人制

当业务进入成熟期时，客户、产品、流程等开始进入稳定的状态，企业为了留住核心员工，激发大家继续保持积极努力的热情，通常会采用合伙人制，用这种机制来增强大家的主人翁责任感。面对员工，企业可以推行内部合伙制；面对外部客户，企业可以推行外部合伙制。合伙制分为股东层面合伙人和非股东层面合伙人，后一种通常为业务合伙人或项目合伙人，因为其实施灵活、便利、进退自由、责任边界清晰，更容易受到企业的欢迎。

现实中很多企业却常常违背基本原则，在业务进入成熟期后，可分配方案还停留在提成制，导致企业形成了固有的利益格局而无法打破，丧失了进一步快速发展的机会。反之，在业务处于萌芽期和起步期时，很多企业开始实行合伙人制。合伙人制的前提是业务的稳定，如果业务不稳定，那么越早合伙越容易散伙。在这种情形下，企业可以对某些核心员工进行未来合伙的承诺，同时对他们的短期收益实行"兜底条款",约定当业务发展到发展期或成熟期时再确认"合伙人"关系。这种做法的好处是企业在前期能够保持对新业务探索的绝对掌控,不会因为过早的合伙导致利益关系复杂、决策速度放缓而丢失良好的发展机会。

焦头烂额的 A 老板

A 企业成立已经有二十年了,由于产品技术的领先,起初十多年 A 企业在行业中始终保持领先地位。2014 年,另外一家同行企业率先上市,并发起了渠道战和价格战,导致 A 企业面临巨大的挑战。其实 A 企业早在三年前就开始筹划上市,但是相关专业机构通过调查发现 A 企业的发展具有重大隐患,即全部业务中有 90% 左右是由两个员工完成的,这样的业务结构很难获得投资人的认可。A 企业的老板希望能调整这样的结构,但多年以来一直没有处理好,两位员工都是公司的老员工,在发展初期公司为了推动业务发展,采用了高额提成的制度,多年来,公司和这两位员工也一直保持共赢的关系。如果现在降低他们的业务份额和提成,他们是万万不会答应的,强制推行必然导致他们离职,公司的短期风险更大。这真是内忧外患啊!

以上这个案例中的问题很多企业都会遇到,由于在业务发展初期,没有做到系统规划,导致后来发展中形成隐患。因此,企业在设计分配方案时不能有短期思维,要站在发展期和成熟期的角度来整体思考,测算一下当企业进入成熟期之后,销售部门合理的提成比例应该是多少。为了鼓励销售人员在起步期更加努力,可以在起步期对销售人员增加"销售促进补贴",并约定当业务发展到什么规模时,这项补贴会逐步补贴到服务部门、技术部门,从而切换到增量奖金池制或将补贴转换成未来合伙人制中的入伙金。这样设计会有两个好处:

- 提前约定清楚,员工可以从开始就选择。
- 后期虽然补贴的比例在下降,但随着业务发展成熟,员工受益的绝对值在持续增加，从而保证了员工队伍的稳定性。

以上这四种分配方式是比较传统的方式，通过对业务的整体规划来匹配不同阶段的业务，能够有效支持业务战略的转型。除了这四种分配方式，我们还要介绍一种企业"终极分配方式"：虚拟货币运营制。

虚拟货币运营制

互联网技术不仅给企业运营模式带来巨大冲击，大量依靠时间差、空间差和信息差来获利的模式也受到挑战，消费者能够通过瞬间信息的比对做出最佳选择，从而改变不少企业长期以来赖以生存的模式，而且也对企业内部的管理方式产生影响。管理者难以依靠信息垄断、权力垄断来进行管理，员工越来越需要基于个人渠道的信息获取进行自主决策。海尔集团提出的"管理无层级、经营无边界"正是基于这样的趋势。

在虚拟货币运营机制的设计下，企业高层是一个组织战略和规则的设计者，重点关注三个方面：一是企业的战略目标，二是企业的基础运营保障，三是企业奖惩与分配原则。然后，将过程价值创造与合作的权力交给企业的中层员工和基层员工，他们会围绕三条核心价值链展开工作：一是销售价值链，推动或吸引外部客户认知、认可、购买本企业产品或服务的过程；二是交付价值链，整合内外部资源，通过采购、生产、实施、售后等活动给外部客户交割价值的过程；三是人才发展价值链，为了前面两条价值链的实现，公司获取、识别、甄选、培养、保有人才的过程。

公司将基础运营费用按照一定的比例进行价值分割，然后进行虚拟货币发行，交给这三条价值链的责任人进行分配，责任人将按照价值的结果实现为价值创造的利益相关者进行分配，员工获得虚拟货币后有三个用途：一是抵消本人的基本工资和费用的支出，二是超额部分的虚拟货币可以转化成等额或一定比例的现金奖金，三是本人超额部分和组织全体成员超额的比例会成为该员工年终分红的依据。

在这种机制下，每条价值链的责任人会成为内部运营的小 CEO（首席执行官），他们可以发布各种与客户合作的机会，其他部门、岗位甚至企业外部的人员均可以参与这样的合作且用符合标准的结果来结算，共同支撑企业的整体运营，员工收入高必然带来企业利润的增加；反之，企业盈利状况好的时候，会出现员工因虚拟货币量低而收入不高的情况，企业盈利状况差的时候，也会出现员工因虚拟货币量高而收入较高的情况，从而避免"大锅饭"现象。

基于战略的组织规划

至此，战略的方向与目标均已经达成，接下来需要做的就是战略的实施。战略的实施必须有承载的机构，也就是平常所说的组织结构。通俗地说，就是企业应找到承担战略的部门。该阶段企业一般要做的重要工作就是设计组织结构。组织结构设计是这样的一项工作：在企业的组织中，根据企业战略或价值链对构成企业组织的各要素进行排列、组合，明确管理层次，分清各部门、各岗位之间的职责和相互协作关系，并使其在实现企业战略目标过程中，获得最佳的工作业绩。

企业需要梳理清楚不同阶段的工作重点，从而在不同的阶段均能整合组织内外部有限的资源，来创造最大的价值。因此在不同的业务阶段中，企业需要有不同的职能来支撑，如果找错了支撑职能，则企业的发展会事倍功半。

业务四阶段的职能重点如表 1.4 所示。

表 1.4　业务四阶段的职能重点

业务阶段	特　　点	驱动职能	支撑职能	孵化职能
萌芽期	新	拓展	开发、质量	销售
起步期	快	销售	生产、供应链	运营
发展期	稳	运营	客户服务、市场	技术中心
成熟期	创	技术中心	战略营销、生态圈	研究院

萌芽期的重点职能

拓展：在萌芽期，拓展是驱动职能，研究市场的新机会，形成新项目调研报告，提供给公司高层参考并决策，拓展的范围不仅包括新产品、新服务，还包含新模式、新市场。

开发：开发职能主要负责新产品或新模式的研发和设计工作，将拓展部门的思路变成现实的模型，测试未来大规模生产的可行性，记录新产品或新模式可能遇到的障碍，并提供相应的解决方案。

质量：质量职能主要对开发职能负责的产品或模式原型进行测试，并完整记录各种质量隐患，另外，质量职能负责为新产品或新服务办理各种资质，为上市做好准备。

销售：萌芽期需要孵化的职能为销售，这个阶段的销售也将承担开发职能，包括新市场开发测试、销售流程和标准开发、新员工能力开发、销售工具开发等，一切具备后，只要等到市场的启动，就能够迅速进入销售状态，快速启动新市场。

起步期的重点职能

销售：销售是起步期的驱动职能，一旦市场被快速打开，销售部门将运用在萌芽期沉淀的销售基础，开始快速地组建队伍、培养员工、优化政策，形成快速且有充分准备的销售支撑和管控系统，这个阶段的市场特点是快，所以全力以赴地推动销售工作是这个阶段的工作重点。

生产：被打开的市场会快速增长，在这个阶段，领导关注的痛点是生产能否跟上销售的节奏，如何快速地增加产能，控制生产的成本，支撑销售部门快速地打开市场，获得市场份额成为这个阶段的关键点。

供应链：在起步期获得供应链的支持也很重要，对于新业务，供应链的支持往往比较保守，因为企业不清楚业务未来发展的前景，前期投入的研发、人力等费用能否在未来的收入中得到摊销,都是一个未知数,需要企业用更加稳健的愿景吸引供应链的信任和支持。

运营:起步期需要孵化的职能为运营,需要建立专职岗位研究老客户的需求趋势,并开发未来可能的运营模式、运营流程和运营标准,为将来大规模开展运营服务打下基础。

发展期的重点职能

运营:发展期的业务往往会年年归零,缺乏沉淀,因此企业需要尽快地转型到运营阶段。企业可以挑选合适的客户和合作伙伴进行服务,客户也可以按照自己的实际情况选择相应的服务标准参与进来。进入运营阶段后,企业开始形成"有沉淀"的竞争力,随着时间的推移,运营的价值也越来越大。

客户服务:随着市场慢慢成熟,需求空间越来越大,需要服务的老客户也越来越多,老客户相对新客户而言对业务的理解更加成熟,也会提出更高的要求,能够及时关注老客户的需求并满足他们的需求成为这个阶段的关键。企业需要建立服务标准,对客户进行分类服务,从而获得更多老客户的支持,支撑业务的持续发展。

市场:面对外部的竞争对手和潜在客户,企业需要培育市场职能来及时了解市场的信息和客户的新需求,并且将这些新需求补充到运营系统中,从而保持对市场的灵敏感知度,通过运营能力的升级来保持客户服务能力的领先。

技术中心:发展期需要孵化的职能是技术中心,通过采集客户数据和进行运营数据分析,企业将通过建设技术中心对原有的服务和产品进行升级,从而保持对老客户服务的引领性。

成熟期的重点职能

技术中心:随着市场的进一步变化,新增市场的空间越来越小,客户的成熟度越来越高，企业开始进入业务"存量经营"的阶段，当成熟的客户再购买新的服务和产品时，看重的是新的技术、新的设计、新的模式、新的体验，因此，技术中心需要深入研究市场的趋势，为老客户创造新的消费体验。

战略营销：进入成熟期的业务，将会改变原有的商业关系，比如将客户变为合作伙伴，或者将供应商变为合伙人，企业需要运用自己原有的客户资源和新的获得模式，来支持合作伙伴的生意，因此，战略营销的重点是通过渠道下沉来获得终端客户的资源，从而为更多的合作伙伴提供支持。

生态圈：指组合更多的利益相关者进行跨界合作，大家基于各自的利益诉求而走到一起，共同创造、共同分享，生态圈的形成首先要有一个影响力中心，可以是技术的引领者，也可以是模式的输出者，可以是终端客户的导流者，也可以是服务交易者。如果生态圈的形成失去了影响力中心，这个生态圈的稳定性就会受到挑战，在原有的生态圈中，很快会有人挑头来形成新的生态圈，并逐步取代原有的生态圈。

研究院：如果业务处于萌芽期，发展新的业务需要依靠"能人"想出好的创意、点子，那么经历过一轮的业务将更加成熟，所以需要建立"研究院"这样的职能，来取代原有的"灵机一动"。研究院将会深入研究行业和专业趋势，通过发表研究报告的方式吸引更多专业人士的关注和加盟，将会有源源不断的创业思路集中过来，从而为下一个萌芽期的业务打下基础。

业务转型四阶段职能重点如图1.2所示。总之，组织结构设计要基于业务的不同战略阶段找到战略驱动部门。在设计中要用合适的组织模式正确发挥其战略龙头作用，并在组织结构中明确其战略地位，其他部门需要全力支持并配合其作用的发挥。毕竟，战略确定后，组织保障与人员保障是战略落地的第一要务，失去组织保障与人员保障，战略实施都会变成空谈。

目标G： 澄清战略目标　第1章

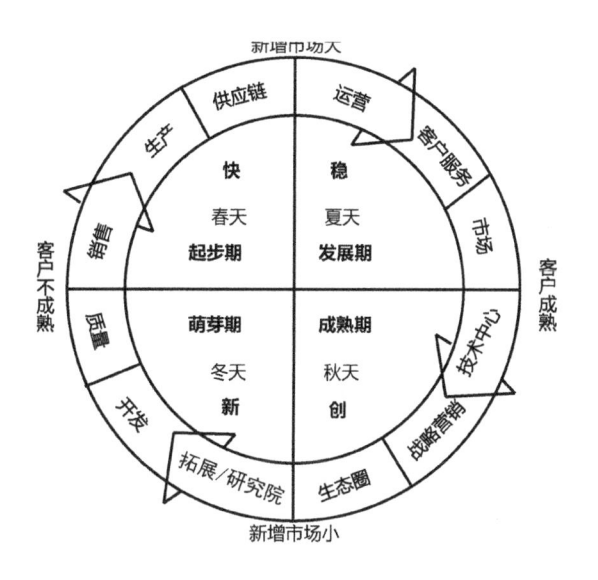

图1.2　业务转型四阶段职能重点

价值观的力量

企业价值观是企业在选择战略时的依据，为员工、客户和供应商明确了合作过程中的价值取向，反映了企业在追求经营成果过程中所推崇的基本信念和奉行的原则。企业价值观是企业全体或多数员工一致赞同的关于企业意义的终极判断原则，简而言之，就是企业决策者对企业性质、目标、经营方式的价值取向所做出的选择，并为员工所接受的共同观念。

经营环境在变化，产品会过时，市场会更替，技术会迭代，时髦的管理理念也层出不穷。但是，优秀的公司之所以优秀，是因为它们具有优秀的企业基因，其中价值观是重要的基因之一。

在GPS-IE®管理改进系统中，我们的价值观同样在强调一种信念，从组织的价值观转化成个人的信念，而这个信念来自企业利益相关者内心的共同愿望，并且能够转化为看得见的行为，进一步去强化内心的信念。

GPS-IE® 管理改进系统的价值观可以归纳为敬畏、探索、守本和真心四个方面。

敬畏

敬畏天道，尊敬规则。万物生长与发展均有其规律与法则，管理同样有着自身的规律与逻辑，不可违背。古人常说"天命不可违"，规律之所以成为规律，有其内在的必然性。违反自然规律，就会受到自然的惩罚。管理也一样，企业由弱到强、由小到大，有其自身的发展规律，比如价值导向、尊重生命、恪守承诺等。管理者只有认知、遵循这些基本规律，才能回到管理本来该有的道路上，尽量避免用无知的投机、无畏的冒险、无度的奖惩来管理企业。

探索

探索，是对未知的、新生的事物孜孜以求地去探寻和发掘。古人云"吾生也有涯，而知也无涯""路漫漫其修远兮，吾将上下而求索"。探索也包含对事物发展规律的发现，探索是基于对未来的渴望、对未知的好奇、对美好事物的向往。面对未来，管理者需要探索价值创造的路径，每天要问自己：我做点什么能够让岗位与众不同？我做点什么能够让部门与众不同？我做点什么能够让公司与众不同？只有不断探索，我们才能够为企业、为社会创造与众不同的价值。清华大学首任校长梅贻琦先生曾说："所谓大学者，非谓有大楼之谓大，有大师之谓也。"何谓大师？大师是指在任何环境下勇于对自己的专业不断探索和追求的人。

守本

守本，顾名思义，就是坚守做人的本分。守本，很容易理解，但是在实际生活中却难以做到。很多人在利益的诱惑、生存的压力下，有可能丧失做人原本可以坚守的本分，而做出偏离人性的事情。随着企业的发展与成熟，越来越多的管理者在呼唤"管理回归本质"，意思是管理要回到"人性化"的本源来思考，管理不仅为了推动组织绩效的发展，还支撑着相关人员获得更加美好的生活。如果能够从这个角度思考，管理者会更多关注绩效产生的方法论和工具的创新，而不是依赖员工加班加点和相互争论；更多关注绩效责任人本人的自我评估和考核，而不是第三方的评估和考核；绩效管理的目的不仅为了奖惩，还为了持续改进。

真心

真心，是指做事情原本真实的想法或出发点。就像做企业一样，管理者制定挑战性的经营目标，其出发点到底是什么？是为了让自己获得更多的经济利益，还是让企业与员工共同享受发展的成果？做绩效考核是为了挑剔员工毛病、借机克扣工资，还是为了帮助员工提高绩效，最终提高企业与员工的收益？虽然看起来做的是同样的事情，但是由于出发点不同，使最终的结果大相径庭。管理者只有真心地面对自我、真诚地面对他人，才能够站在"利他"的角度思考，从而形成超级影响力，推动绩效成果的发生，达到"桃李不言，下自成蹊"的境界。

行为准则

以上四个方面是管理改进最基本的价值观，具有一定的抽象性。企业如果希望达到这样的标准，还要从遵守以下行为基本原则开始。

管理者的知行合一

自古以来都是知易行难，管理者既然承担着管理的职责，也意味着比普通员工拥有更多的资源、更大的权力。管理者为了更好地履行管理职责，必然需要学习更多的管理知识，同时管理者需要明白一点的是，学习不是目的，而将学习用于实践、指导实践才是真正的目的。

GPS-IE®是一套管理改进系统的开发语言，有其自身的逻辑特色，和以往习惯性的管理逻辑有较大差异，在学习过程中存在着一定的难度。面对这样的系统，管理者放弃并回到习惯性的做法中会很容易，坚持学习与实践并不容易。没有实践，这套系统的学习将没有意义，只有坚持实践，管理者才能体会到从无知到自知、从无用到有用的过程的乐趣。

管理者和老师一样，最难做到的恰恰是"知行合一"。说到很容易，做到不容易，说出同样的话语，能够身体力行的管理者的影响力比只说不做的管理者的影响力，要大得多。

领导以身作则

以身作则居于领导力行为的第一位，领导需要以身作则，树立楷模。有些领导自己不加班却希望员工加班，自己不讲规则甚至破坏规则，却希望员工能够遵守规则。企业如果有这样的领导，优秀的管理方法就难以落地。在管理改进实施过程中，作为项目的发起人，领导需要亲自体验改进中的体系、逻辑和原则。因为员工能够提供的改进资源和方法有限，只有高层领导才能调动更多的资源、更系统的策略、更持久的政策来保障改进持续的效果。

自我承诺大于合同

这里说的自我承诺，是指来自大家内心真实的愿望并形成自我选择后的表态。合同规定了双方合作的最低标准，但来自内心的自我承诺会成为彼此合作的最高标准。在改进项目的交付价值时，管理者要考虑的是：我如何帮助对方多做些什么，我能帮助对方多创造什么价值，可能给对方带来什么额外的麻烦，如何提前预防并消除这些麻烦。这些问题可能在合同中并没有体现，但不妨碍改进者多想、多做。

价值观属于企业文化的一部分，比如德胜洋楼有限公司运用文化"唤醒员工内心的尊严"的做法值得大家参考。

德胜洋楼有限公司的企业文化与价值观

德胜洋楼有限公司（以下简称德胜公司）是苏州的一家专门从事洋楼制造的公司，其文化核心是诚实、勤劳、有爱心、不走捷径。德胜的高层深信"制度只能对君子有效，对于小人，任何优良制度的威力都将大打折扣，或者是无效的"。所以德胜公司呼吁人们做一个合格的员工，应努力使自己成为君子。

同时，德胜公司也首先以君子示人。比如：

- 不实行打卡制。
- 可以随时调休。
- 可以请长假去其他公司闯荡，最长可达三年，保留工职和工龄。
- 对于试用期的员工做出特别提示——您正从一名农民转变为一名产业化工人，但转变的过程是痛苦的。
- 费用报销不必经过领导审批，签上自己的姓名即可，涉及证人的需加上证人的签字。
- 公司不能接受员工因办公事而自己垫钱的事情发生。
- 员工发现劳保用品、劳保设备欠缺或质量太差无法使用，可以拒绝工作，此间仍享受正常的上班待遇。
- 带病工作不仅不受表扬，而且可能受到相应处罚。
- 公司不认同员工冒着生命危险去抢救国家财产、集体和他人财产的价值观，奉行"生命第一"的原则。

- 公司有三种类似于宣誓、申明之类的做法，有助于大家理解文化与制度的关系。
- 所有的员工都能够并且必须领取一本《德胜公司员工读本》，此手册的封二有一段话："我将认真阅读这本手册内容，努力使自己成为德胜公司的合格员工，靠近君子，远离小人。"下方要慎重签上自己的姓名。
- 公司开工前，所有施工人员必须参加时长不少于一小时的会议，会议重申职工守则、施工责任书、施工安全及劳动保护措施和奖惩条例。
- 员工在财务报销前必须认真聆听财务人员宣读一份《严肃提示——报销前的声明》，任何时候任何人的每一次报销都有这个程序。《严肃提示——报销前的声明》内容如下："您现在所报销的凭据必须真实及符合《财务报销规则》，否则将成为您欺诈、违规甚至违法的证据，必将受到严厉的惩罚并付出相应的代价，这个污点将伴随您一生。"

描述战略目标

在澄清了业务战略阶段并梳理了价值观之后，企业需要对业务战略目标进行清晰的描述，以使企业上下对业务战略有明确的认识，在战略达成上高度一致。企业战略目标可以分为经营战略目标与管理战略目标，在 GPS-IE® 管理改进系统中，更多的是聚焦于经营目标。

在确定战略目标时，企业需要从以下几个方面来思考。

分析外部市场容量

每家企业的业务都针对特定的客户群体，某地理区域的客户群体在一定时间内会对特定的产品与服务有着一定的客观需求，而这种总需求量构成了该区域的市场容量。在市场容量既定的情况下，企业一般都会计算市场集中度与市场占有率的指标。市场集中度用来衡量产品在目标区域市场的竞争格局与态势。市场占有率又称市场份额，反映了企业产品的市场地位。如果市场集中度高而企业市场占有率低，则表明企业在目标市场中的竞争地位偏低，已有强势品牌占据市场龙头，企业可能只是市场的追随者或参与者。如果市场集中度低而企业占有率高，则表明企业在目标市场地位高，可能已经处于市场领导者的地位，产品品牌属于强势品牌。

一般来说，市场容量在一定时期内是既定的，因为特定业务的总需求一般是稳定的。为了提升或扩充市场容量，企业需要考虑开辟新的市场或引导新的市场需求。安索夫矩阵就是思考业务战略的非常好的工具，既可以使用老产品开辟新的市场，也可以用新产品冲击老市场，还可以用新产品满足新市场。总之，这都是为了提升市场容量或提高市场占有率而做出的努力。

测算本企业完美情况下的收益水平

企业在市场中生存，即使总体市场容量足够大，也要思考自身满足市场的能力，毕竟小锅无法烙出比自身还大的饼。这里说的完美情况，是指企业在所有资源利用率都达到100%的情况下，能够创造出的收益大小。对于工厂来说，完美情况就是所有机器设备在满负荷开工的情况下，能够创造出的产值。而服务行业则指各种服务设施与资源100%利用起来时能够创造的价值大小。所有企业都需要知道自己的最佳收益水平及目前状态下的产出产能比。

调研标杆企业的产出产能比

对标管理是现有很多企业采用的方法。对标管理是指企业以行业内或行业外的一流企业作为标杆，从各个方面与标杆企业进行比较、分析、判断，通过学习他人的先进经验来改善自身的不足，从而赶超标杆企业，不断追求优秀业绩的良性循环过程。对标，主要是分析标杆企业在行业内取得成功的关键因素，并从关键因素上找到与标杆企业的差距，然后进行学习与追赶。而产出产能比是一项重要的参照指标，它反映了企业在资源利用率方面的管理水平。

确定本企业三至五年的目标

根据对标同等规模优秀企业的产出产能比，企业能够找到自身与优秀企业管理水平的差距，消除负偏差，进而产生正偏差，正是企业未来三至五年需要实现的目标。任何企业都希望从平庸走向优秀，从优秀走向卓越。而成功之路正是在每年设定的挑战目标达成的基础上铺就的。当然，成功不可能一蹴而就，需要企业在目标上向长远看齐，在管理上向踏实看齐。

为了说明以上四个方面与指标的关系，我们以如何制定某酒店的业务战略目标为例。

第一步，测算出周边市场的容量和潜力。调研酒店周边政府、企业、事业单位及小区的人口数量和消费习惯，确定本酒店在同类型酒店中的市场份额，从而计算出酒店每年消费的总潜力为5亿元。

第二步，测算酒店最完美的产能。统计酒店有多少客房、包厢、大厅和会场，在最大利用率和最佳价格方案的情况下，最完美的产能有可能做到1亿元。

第三步，参照标杆企业的产能产出比。酒店现在的实际年销售规模只有4000万元，现有的产能还没有达到完美状态，产能产出比只有40%。通过调研，周围三公里内与酒店同档次的标杆酒店能够达到50%。

第四步，制定酒店的战略目标。三年后，酒店期望能够超越标杆酒店的现状，即在 50% 的基础上提升至 60%。一旦确定目标，三至五年后我们要做到 60% 或 70%，就意味着三年后我们的目标就要达到 6000 万元至 7000 万元。

通过以上四步能够达成战略共识，既让大家知道外部市场有需求，企业有增长空间，同时又让我们有信心达到外部标杆企业的相关指标，所以制定的战略目标是合理的，并不是拍脑袋想出来的。

达成的战略共识也将成为后端执行时的基础，明确哪个部门负责驱动，哪些部门参与配合，各自的结果目标是什么，关键障碍有哪些，需要做哪些关键任务来支撑，如何评估各部门的结果，达到了战略目标后大家的共同利益有哪些。只有企业高层把企业战略和价值观思考清楚了，各部门的管理者才能说清楚达成战略目标的标准和流程。

第 2 章

一级问题P1:
关注绩效结果

> **一级问题定义**：基于组织战略价值的、部门级的结果指标的偏差。

"火车跑得快，全靠车头带"，这句话描述的是传统火车的状态，车头要依靠自身的动力牵引多节车厢行驶，车厢就成了被动的工作者，传统火车难以快速行驶起来。而新型的动车和高铁升级了新的模式，每一节车厢都拥有动力系统，在车头的带领下，能够快速且稳定地行驶。很多企业的职能部门就像传统火车的车厢一样，用"被动地接受任务"的方式开展工作，缺乏针对战略的驱动系统的设计。

企业各个部门应该如何设计自己的动力系统呢？答案是，需要从基于职能的结果性问题分析开始。企业的战略目标确定后，我们开始分析问题。问题是什么呢？我们在前面已经知道，问题不是症状，问题也不是原因，问题是现状与目标之间的数据偏差。问题可分为一级问题、二级问题、三级问题。

- 一级问题是结果性问题。
- 二级问题是驱动性问题。
- 三级问题是活动性问题。

问题既然意味着差距，那么缩小差距的责任应该由谁来承担呢？这里我们先从结果性一级问题开始分析。在分析之前，我们需要明确一点：在一级问题、二级问题、三级问题体系中，结果性一级问题是属于公司级的、部门级的还是岗位级的。换言之，在组织中到底应该由哪个层级的人员来具体对结果性一级问题负责。很多人认为一级问题是公司级的，如果是这样，那么公司总经理或CEO就是一级问题的责任人。但事实上，作为高层的CEO更多承担的是"该不该"的问题，是对整个组织的战略、价值观负责的；也就是说，公司总经理或CEO在确定了组织战略方向及战略目标之后，他们一般会将实现战略目标的责任和任务向下分解到各个业务部门和团队，即组织内实现更高绩效的具体责任应该落在部门负责人及其团队身上。基于这一现实，我们认为本章的一级问题，真正的责任人都将是部门负责人及其团队。

一切均生意

企业经营的核心，是经营人。"利者，义之和也"这句话出自《周易·本义》，说的是只有基于相关各方的共同愿景（"义"）这一出发点，企业对相关利益（"利"）的追求才能持续、长远。作为经济组织的企业，更需要基于"利者，义之和也"这一原则思考企业内外部的所有劳动关系和利益关系，从而构建起更为顺畅、高效的组织。为了便于理解，我们会用"一切均生意"这句话集中阐述这一含义。这里的"一切"既包括企业外部的劳动关系和利益关系，也包括企业内部的劳动关系和利益关系。

企业内外部存在着不同的利益相关者，包括股东、员工、供应商、客户、政府监管机构、投资人等。要使利益相关者之间形成互利关系，前提是彼此需要在建立共同理想、目标、原则的基础上，产生价值创造、价值评价、价值分配。经营企业，对外往往是通过与股东（股票）、供应商（供货合同）、客户（销售合同）等利益相关者建立正式契约关系来实现利益分配。其实，企业对内也是一样的，在企业内部也需要进行价值创造与利益分配机制的设计，正所谓"一切均生意"。只有站在"一切均生意"的角度来思考，才能明确企业内每一个部门（不论是研发、采购、生产、物流、营销、售后等一线部门，还是财务、人事、行政等所谓传统的二线部门）的内外部客户关系，找到每个部门的所有客户及需要向客户交付的产品，从而明确该部门在价值创造和利益分配体系中的价值定位。

那么，现实中的许多企业是如何做的呢？根据我们在多年咨询工作中所接触的企业来看，在现实中很多企业的中基层管理者或高层管理者没有站在"一切均生意"这个角度设计企业各个部门的职能和责任，更多的是凭经验、感觉管理企业和部门。再深一层来看，管理者如何面对上级、同事、下级的经验往往来自家庭的经验和感觉。在组织建立初期，管理者往往靠人治的、亲情化的方式进行管理，这样的管理往往在早期比较有效。但是，企业存在的基础和家庭不同，家庭主要以"亲情"和"血缘"为基础，强调的是"爱"而不是"道理"，在家里往往越想讲道理就越显得没有道理，因为最高境界的爱是无条件的爱，在"无条件"面前，无论什么道理都显得苍白无力。

但是企业是以"契约"和"承诺"为基础的，强调的是基于"价值"的道理，需要有利用规则、制度、流程、标准来武装企业的能力。在成立企业的时候，股东之间要签订股东协议，和政府各部门之间也要签订相应的法律文书。企业中所有的行为都是基于合同的形式存在的：新员工入职合同，部门之间需要有任务单相互承诺，与客户签订订货合同，与供应商签订购货合同。这些承诺和契约可以保障企业的正常运行。所以，企业是要靠规则来不断发展的。随着企业的发展壮大，这种人治的、亲情化的管理方式往往会禁锢企业的成长。

因此，企业内外部的管理与经营就需要遵循一条重要原则：一切均生意。生意的核心应围绕"价值"来展开，所有管理者都要站在价值创造、价值评估和价值分配这一条主线来开展工作。每个管理者都要说清楚自己及其团队所经营的生意模式是什么。为此，我们每个部门都需要用"外包"思维思考自己的存在。

"外包"思维

和火车一样，企业也需要有更多的部门承担"主动地驱动"的责任，但当前企业中多数部门却处在"被动地等待"的状态。大家都在等待领导、同事甚至客户布置任务，然后大家就开始"处理任务""交付任务"，如果没有接到任务，大家就会觉得很清闲，无所事事，这样的状态是不利于组织发展的。作为生意的主体，每个部门都要从"外包"的角度反思自己：谁需要我们的存在？下一年度他还会和我们续单吗？凭什么他还会续单？企业的发展不是仅仅依靠领导或业务部门来抓经营，而是所有部门都要考虑经营。因此，各个部门都要具有这种"外包思维"，即各个部门不要把自己看作企业的任务导向的职能化的事务性部门，而要把自己看作企业领导团队为了实现战略而花钱雇来的可以独立创造价值的外包企业。前端的业务部门通常比较容易接受这种"外包"的观点，因为他们本来就具有"外包"的特点，但是越往后端的部门越难以理解。即便如此，各个部门也应努力适应"外包"的角色，研发部门要把自己看作"研究所"，生产部门要把自己看作"外包工厂"，人力资源部门要把自己看作"人力资源外包公司"，财务部门要把自己看作"财务咨询公司"。在这种思维之下，所有部门每年都要向最高管理层说清楚、道明白自己部门的价值，而且必须用逻辑的、量化的指标，不然不会得到认可，来年也就不会再有"外包"的生意，公司可能寻找另外一家更好的外包公司来替代你。

既然部门负责人将自己的部门视作外包团队，就要清楚回答几个问题，如表 2.1 所示。

表 2.1　问题

问　　题	阐　　释
你的客户是谁	谁为价值买单
你的产品是什么	独立创造的价值的载体是什么
你交付产品的标准是什么	到哪个动作为止说明交割完毕
交付得好，你及其团队的收益是什么	价值交付后的好处是什么
交付得不好，你及其团队将要承担什么责任	价值交付不了要负什么责任

如果能说清楚，说明这个部门的生意模式是清晰的；反之，如果说不清楚，说明这个部门还没有弄清楚自己的生意模式，或者该部门在公司的定位及存在的价值是不清楚的。当一个部门负责人自己都说不清楚职能生意的价值时，他就不要指望他人帮助自己说清楚，到了年终分配奖金的时候，他也拿不出有力

的证据证明自己的价值，通常被领导和其他部门"象征性"地分一些奖金，这种方式会让自己和团队成员感受不到工作的尊严。

内部价值链

企业内部价值链可以分为两类：经营价值链（交付对象一般是下一道工序）和管理价值链（交付对象一般是老板或直属领导）。不同的外部价值链会带来不同的内部价值链之间的关系。

经营价值链

内部价值链是组织内部各部门共同创造价值的动态过程。每个部门都有不同的职能。组织内部各部门都要承担多种价值创造的职能，每一项价值创造职能都会形成该部门的一条价值链。内部价值链分析涉及中层管理者"好不好"的问题，要厘清部门与其他部门之间的关系。

在业务发展的不同阶段，驱动关系会随之改变，内部经营价值链也会发生改变（见表2.2）。很多企业面临的困惑如下：

- 业务状况已经发生了巨大变化，但是部门的职能关系还停留在多年前，没有及时升级。
- 业务已经覆盖了多个阶段，但职能部门的能力还停留在萌芽期和起步期，生产关系严重制约了生产力。
- 价值链与业务的发展阶段不匹配，可能业务已经到了成熟期，但是价值链还停留在起步期的销售驱动上。
- 领导人及核心人才本应该在关键职能上发挥作用，但由于价值链关系的混乱，导致大家的精力分配混乱，内耗不断。

表 2.2　不同业务阶段的经营价值链

业务阶段	驱动职能	核心价值链	价值点
萌芽期	机会驱动	拓展—开发—质量—销售	新业务数
起步期	销售驱动	销售—生产—供应链—运营	销售额
发展期	服务驱动	运营—客户服务—市场—技术中心	满意度
成熟期	技术驱动	技术中心—战略营销—生态圈—研究院	生产总值

如果企业发现随着组织的发展，业务已经在萌芽期、起步期、发展期和成熟期同时存在，且运营、企管、人力资源、财务等部门的职能基本无法同步时，领导人需要做出如下决定：

- 收缩业务战线，将主要的精力、资源投放在最关键的业务上，推动核心业务的发展。
- 分拆业务，采用独立事业单元的方式，授权各事业单元负责人根据各自的业务状况调整价值链，后台职能部门转型为"运营共享中心"，从而配合各项业务的发展。

如果不进行调整，不同业务发展的需求会拖垮后台职能部门，使得他们会应接不暇，手忙脚乱；反之，后台职能部门也会因为自身能力不足，分身乏术，成为前端业务部门发展的障碍。因此，后台部门需要根据企业的发展模式，把自己看作具有独立价值的外包单位，这样才能在不同的环境下找到自己部门真正的客户、真正的产品和真正的价值交付。

管理价值链

围绕"管理者的价值"，我们先问三个问题供大家思考：

- 企业中的管理者有价值吗？
- 管理者到底创造了什么价值？
- 如何证明管理者的价值？

在上述这三个问题中，很显然第一个问题比较容易回答，大家甚至都不需要思考就会回答"管理者当然有价值啦"。可是第二个、第三个问题就没有那么好回答了。要想说清楚管理者的价值，就要对企业的管理价值链进行分析。

其实企业本来没有太多的管理者，往往一位老板带着一群员工就把某项业务做起来了，但随着业务的发展，客户、员工、供应商越来越多，带来的任务也越来越多，企业的分工带来了"管理者"的角色。大家都记得当初自己成为管理者的情景：某个领导突然通知明天开始你就成为管理者了。但具体"管理者"应该做什么，应该创造什么样的价值，其实在这些方面大多数管理者并没有思考太多。

相对于水平的经营价值链来说，管理价值链是垂直的。从企业董事会到总经理，再从管理者到员工，最后到客户，在这条价值链中，员工的生意模式非常清晰，即给客户提供服务，获得客户的满意度，客户会给员工交付"当下的个人业绩"，员工拿这个业绩向他的管理者交代。那管理者的价值是什么呢？管理者应该为员工提供管理和辅导，从而为组织创造"未来的团队的业绩"，事实上我们看到多数管理者并没有完成他应该交付的"管理生意"的结果，而更多的是在代替员工的价值。

看起来他们这样做也创造了短期的业绩，但是长远来看却给企业带来了伤害。两种情况下会体现出这样的伤害：一是该管理者被调离了该岗位，其团队的业绩会产生大幅的波动；二是当企业需要转型、升级或变革的时候，领导者会发现最大的麻烦是缺少能够独当一面的人，为什么会出现这样的状况，因为多数管理者在过去几年中没有能够支撑起管理的生意，没有为组织"未来的团队业绩"提供更多合格的员工。

从管理的生意来说，CEO 的客户是企业董事长，交付的产品为"合格的部门数"，那董事长管理的生意是什么呢？董事长管理的生意的客户为董事会，需要交付的价值目标是为股东创造更健康、持续的价值回报，他怎样才能够达到这个目标呢？董事长需要培养更多"合格的 CEO"，因此"合格的 CEO"是董事长管理的生意的产品。柳传志认为"董事长的三件事为搭班子、定战略、带队伍",这就是在描述董事长的管理生意。

经营与管理的关系

经营与管理之间,管理服务于经营,经营是目的,管理是达成经营目的的手段,因此经营强调持续创新,而管理强调稳步匹配。经营和管理就像人的两条腿一样,管理者首先要迈出的是"经营"这条腿,同时"管理"这条腿能够跟上,然后再迈"经营"这条腿,不断地切换左右腿,从而形成快速奔跑的状态。

经营和管理的定义

经营:重点研究组织外部客户和竞争对手以获得最佳策略的价值创新活动。

管理:重点研究组织内部员工和合作伙伴以获得最佳实践的价值复制活动。

现实中,很多企业会成为"长不大的小老人",在某个行业中发展很多年,业绩却多年没有突破,被一个个后辈超越。究其原因,大部分体现在经营和管理不够协调上,要么是重经营轻管理,要么是重管理轻经营。重经营轻管理的企业的业绩会呈现波动起伏的状态,新的经营思路层出不穷,但由于管理跟不上,导致员工队伍和客户队伍难以稳定,业绩时好时差;重管理轻经营的企业的发展会比较稳定,其领导人比较关注风险,后台管理有条不紊,但前端的经营缺乏创新,因此业绩也会遇到瓶颈,难以突破。

企业中管理者在总人数中所占的比例通常会小于在薪酬总额中所占的比例,说明企业在管理者身上有不小的投入,那么管理者创造价值了吗?管理者创造了什么价值呢?如何评估管理者所创造的价值呢?

管理者要一手抓经营,一手抓管理,另外,管理者既要关注当下任务的完成,又要关注未来价值的设计。从某种角度来说,管理者关注未来比关注当下更加重要,因为当下的状况是过去的思维和行为造成的,而现在所做的是要创造未来的成果。我曾经询问过一些企业的老板：如果你有40位管理者，却在6月30日这一天做了一个任性的决定，砍掉20个管理者的岗位，请问对当年的业绩有影响吗？老板回答："影响很大，当年的利润会好很多。"由于当年的订单、产能、员工队伍、供应商体系等都在，对当年的收入影响不大，但去掉一半的管理者后，当期的成本会大大降低，因此利润会好很多。这虽然是一个假设和玩笑，但恰恰说明了如果管理团队不能把眼光放得更加长远，对组织的贡献是难以最大化的。

按照以上这两个维度，我们将管理者要做的工作分为四大类：开发新业务、培养新能力、创造新成果和防范新损失。

1. 开发新业务是管理者创造未来经营价值的工作。公司需要发展，必然要根据新的需求做好前置性的设计工作，在老客户购买老产品的基础上，还需要推动老客户购买新产品，或者推动新客户购买新、老产品，这些都需要形成新的销售方案。根据业务部门的需求，人力资源部门要开发新岗位、财务部门要开发新报表、生产部门要开发新产能、技术部门要开发新技术等，都属于这一范畴。

2. 培养新能力是管理者创造未来管理价值的工作。所谓"兵马未动，粮草先行"，开发新业务之后，必然需要配置新的能力，包括组织能力和个人能力。从组织能力的角度看，包含了机制升级、流程优化、标准开发、工具匹配等；从个人能力的角度看，包含了团队的组建、思想的教育、行为的培训等。总之，无论是自建团队还是采取外包方式，管理者都需要在能力上为业务发展做好准备。

3. 创造新成果是管理者创造当下经营价值的工作。这是过去大家最为关心的一部分，也是管理者的核心KPI，比如销售部门的销售额、生产部门的合格的交付额、技术部门的新产品数、人力资源部门招聘合格的员工数等，这些价值的成果支撑了公司整个年度的目标。

4. 防范新损失是管理者创造当下管理价值的工作。无论是业务部门还是职能部门，在目标实现的过程中通常都会造成工作的损失，损失通常是由隐患带来的事故造成的。那应如何防范损失呢？笔者认为，与其关注事故本身，不如提前关注隐患，因为事故是许多隐患在不同时空里偶然相遇而形成的。因此，每一个管理者都要不断总结本部门工作中的隐患清单，然后有效分工识别并清除隐患，从过去"救火队员"的状态逐步变为"防火队员"的状态，这样才能更好地控制损失成本。

根据以上四个方面，我们可以清楚地知道管理者需要以"标准"为核心，形成相应的管理分工：总监对"设计标准"负责，工作重点是"开发新业务"和"培养新能力"；部门经理对"执行标准"负责，工作重点是"培养新能力"和"创造新成果"；专业职能部门对"优化标准"负责，在"创造新成果"的过程中"防范新损失"。我们把这样的分工称为"Z字形"管理分工模型（见图2.1），它能够解决总监、部门经理和专业职能部门之间的分工困惑。

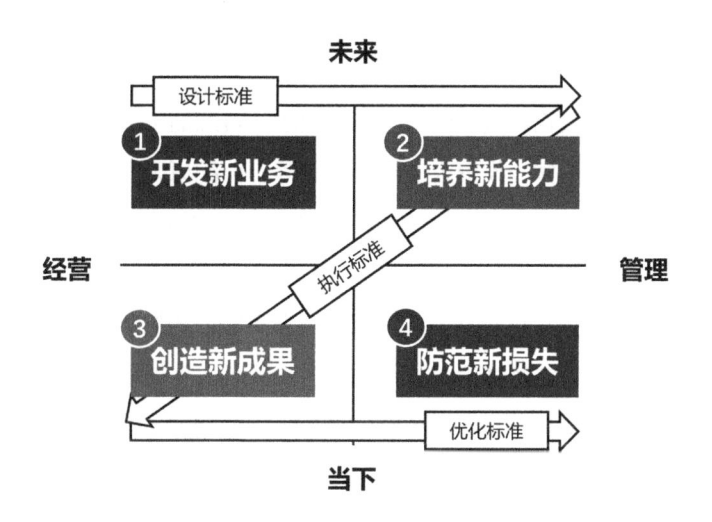

图 2.1 "Z 字形"管理分工模型

内部价值的谈判

关于职责与权力的分配，传统的做法是在组织设计、部门职责划分、流程梳理、制度设计时予以明确的，而分配也是在传统的薪酬与绩效管理、设计中进行明确的。在管理改进系统中，我们强调"一切均生意"。既然是生意，那么一切也皆可谈判。

所以在管理改进实践中，我们突破了传统的思维，将原本属于铁板一块的职责、权力与分配变得更加柔性。在战略与目标不变的情况下，职责、权力与分配都可以进行谈判。谈判不单是部门与公司进行谈判，更多的是部门与部门之间进行谈判。因为在管理改进系统中，我们强调把各个部门视为一个个战略业务单元，能够在内部价值链上从上游部门接受产品或服务的输入，通过部门内部的工作将其转化为可以独立地交付给下游部门的价值贡献与输出。

基于这样的原则，即使后端行政支持等部门按照此思路界定出交付物与价值，也能够将各部门的价值输出进行量化，并在价值链条上将各个部门贯穿起来直至终端客户。

另外，分配原则也不再是传统的薪酬与绩效，而是基于利益相关者的价值分配，如股东的股权收益、高管的股权激励、员工的事业合伙人转变、供应商与客户的利益共同体、投资人的投资收益等。分配原则主要是增量分配而非存量分配，目的是联合各方利益相关者，共同把蛋糕做大，从而可以更好地分配。

那么如何实现责、权、利的统一呢？根据实践，我们给出的方法是召开责权利研讨会。具体做法是在上一年年底，由总经理、各职能部门负责人与骨干员工代表在一起，共同研讨公司与部门的年度目标，包括收入目标和利润目标，在收入目标与利润目标确定的前提下，奖金池的大小由大家根据原则来确定。接下来就要研讨分配权与分配比例，各部门将通过谈判的方式来确定各自在奖金池中的分配比例。一般来说，组织中的关联部门相互谈判，比如业务部门需要找生产部门谈判，要求生产部门提供哪些方面的价值，如果达成这些价值，需要给生产部门什么样的比例，而生产部门又会去找采购部门谈判，采购部门又会去找财务部门谈判，财务部门又会去找业务部门谈判。

在谈判过程中如果能够达成共识，就签字确认；如果达不成共识，就由总经理仲裁。仲裁的原则主要依据战略导向（有助于战略的实现）或互利导向（有助于双方利益的实现）或过渡导向（公司发展不同阶段需要考虑过渡过程中哪些权重需要偏重，起步阶段向前端偏，成熟后向中后端偏），由总经理根据原则进行相应偏重。权力谈判也一样，部门之间相互进行谈判，要确定能达到指标的结果、拥有哪些权力，无论是预算方面的财务权，还是人事方面的确定权与建议权，抑或是供应商的选择权或者公司内部的政策调整与修正权，大家都可以探讨这些权力。最终由总经理进行确认并形成文件，形成责权利合同书。而这个合同书与以往的经营目标责任书的不同在于，传统的目标责任书往往只需要达成经营目标而不去讨论分配权，只讨论责任，所以是单向的，是从上往下压的。而通过责权利研讨会，可以把所有部门间的责权利关系显现化、可视化，让他们相互争论，最后签字确认，并按照这个去做。这也反映出所有活动围绕"一切均生意"展开，大家围绕下一年度的生意展开谈判与协商，"先小人，后君子"，形成合同书，大家签字后分别去做。

设计部门的生意

从外包思维的角度出发，每个部门都可以是生意的主体，基于战略的需要，规划自己部门的生意结果就成了部门的战略发展目标。一个部门往往有多个生意，通常按照业务线或职能线划分。业务部门会有多个业务线，可以按照产品、客户、区域、销售形式等维度划分，不同的业务线会成为该业务部门的多个生意；职能部门可以按照职能线划分，比如人力资源部门就会拥有招聘、培训、绩效等多个职能，所以人力资源部门将拥有招聘、培训和绩效三个生意。

典型职能的生意模式（部分）如表 2.3 所示。

表 2.3 典型职能的生意模式（部分）

部门	业务/职能	客户	产品	结果交付
人力资源部门	招聘	业务部门	新员工	新员工报到数的能力
	培训	业务部门	合格员工	合格员工数
	绩效	业务部门	合格员工	合格员工数
销售部门	大客户	财务部门	销售方案系统	合格的大客户数的销售额
	渠道运营	财务部门	渠道经营系统	合格渠道的销售额
财务部门	融资	业务部/总经理	资金	低利率融资总额的能力
	核算	业务部/总经理	报表	合格的报表数
	投资	总经理	项目	合格的项目投资数收益额
市场部门	销售支撑	销售部门	潜在客户	潜在客户总数
	市场管理	总经理	合格的团队	合格销售团队数
售后服务部门	售后维修	生产部门	维修工单	一次合格的维修工单数
	售后管理	总经理	隐患和事故	售后质量成本总额
	协同销售	销售部门	老客户的新需求	老客户的新需求数

举例一：培训部门的生意模式

企业的培训部门到底在经营一项什么生意？这里从五个方面来问一问。第一，培训部门的客户是谁？是老板、业务负责人还是全体员工？第二，培训部门的产品是课程、老师、项目还是员工？第三，产品交付是课程上完还是项目实施完毕呢？是给学员发了证书还是评估了学员的业绩增长呢？第四，业绩好，培训团队有什么收益呢？培训团队的年终奖发放应该是什么标准呢？谁发给他们呢？第五，如果业绩不好，他们需要承担什么责任呢？

很多人认为培训部门的客户是老板、业务经理和基层员工。事实上，谁是培训部门的客户，主要看其是否符合三个条件：第一，是不是公司战略实施的责任主体；第二，是不是系统性业务培训需求的提出者；第三，是否能够对培训部门做出年度以上的评价和反馈。对照这三个条件可以发现，公司老板和业务经理符合条件，因此他们是培训部门的客户。而基层员工不符合这三个条件：第一，基层员工不是公司战略实施的责任主体；第二，基层员工不能提出基于部门绩效导向的系统性业务培训需求，而是多为个人需求导向的培训需求；第三，基层员工不能对培训部门做出年度以上的评价和反馈，只能对培训部门的某些课程做出评价。因此，基层员工不是培训部门的客户，而是培训部门的产品。因为针对公司老板和业务经理要实现的战略目标，他们需要有合格的员工来支撑他们的战略实现。这个"合格的员工"包括合格的员工、合格的管理者（合格的技术人员、合格的营销人员等）。他们需要的合格员工到底由谁来提供呢？合格员工需要由招聘部门提供"原材料"，由培训部门负责"过程的生产加工"，然后交给业务部门负责"关系保有"。

所以，培训部门提供的产品恰恰是合格的员工及那些达到或符合各个岗位任职能力标准的员工。那么，交付的标准是什么呢？当前很多公司面对培训部门是没有标准的，往往培训部门认为"我培训完了，考试合格了，发了证书了，就算完成工作了"，可是业务部门和领导并不满意。因为他们要的是能够在岗位上完成任务和目标，并且能够运用相关指标不断提升的员工，这样的员工才算合格的员工。因此，作为一项生意，培训部门在实施培训之前，应该主动找自己的客户讨论产品的交付标准，只有标准确定了，这个生意才能做好、做长久。同样，当培训部门确立了自己的生意模式以后，也需要与客户讨论自己团队的利益机制设计：做得好，需要他们给自己的团队提供什么样的绩效评估；做得不好，自己的团队将承担什么样的责任。

培训部门带着与"客户"确定好的"合格员工"的标准，对全体员工进行衡量工作，目的是找到那些"不合格的员工"，因为只有"不合格员工"的存在，培训部门才拥有了做生意的机会。将"不合格员工"变成"合格员工"是培训部门重要的工作职责，其中"培训"只是手段之一，除了培训，还可以通过优化流程、设计绩效工具、推动员工轮岗或外包的方式来提高员工的合格率。如果能够做到这些，"培训部门"也可以将名称改为"绩效改进部门"了。

举例二：市场部门的生意模式

市场部门具有两个职能：销售支撑和市场管理。销售支撑生意的客户是销售部门。销售部门需要市场部门在销售支撑这个职能上交付什么样的价值呢？有人说是市场产品策划、推广活动设计、品牌广告的宣传等。但是对于销售部门来说，这些都是市场部门的手段，销售部门的目标是提升销售额。要想获得销售额就需要有潜在客户，销售部门希望市场部门能够给他们提供源源不断的"潜在客户数"，所以，"潜在客户数"将成为市场部门销售支撑职能的产品。

市场部门的第二个职能是市场管理，该生意的客户是总经理，其产品是"合格销售团队数"，因为对于总经理来说，重点是关注销售团队中哪些员工达标、哪些员工没有达标。如果销售团队中有30%没有达标，那么这30%不合格的销售人员就成为市场部门辅导的重要对象，市场部门必须想办法将30%不合格的销售人员转化为合格的销售人员。至于市场部门用什么样的方式，比如调整政策、撤换人员、业务外包等，这些都是解决这个问题的手段。对于总经理来说，获得合格的销售团队才是更加重要的。市场部门的"伞形"生意模式如图2.2所示。

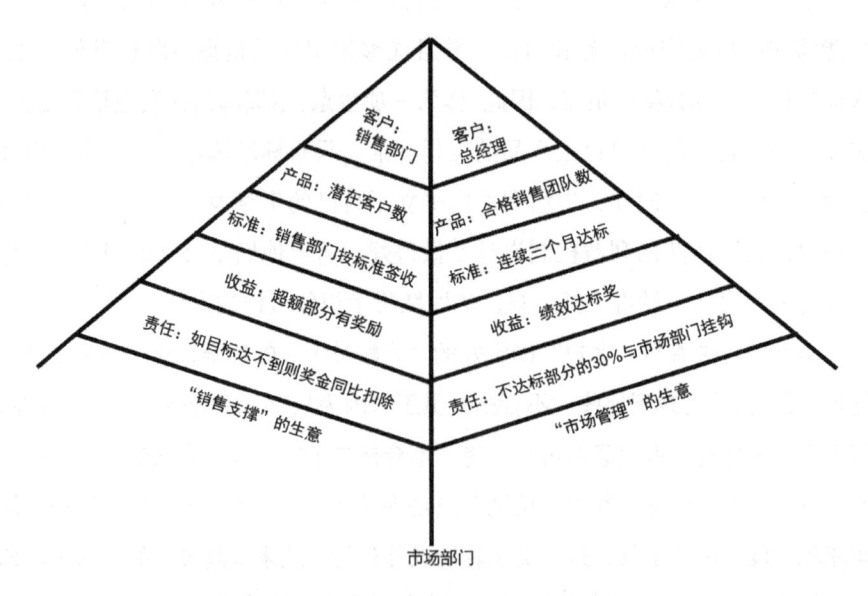

图2.2 市场部门的"伞形"生意模式

举例三：售后服务部门的生意模式

对于很多企业来说，售后服务部门似乎永远是缺人的，各业务部门都希望能够增加更多的售后服务人员，方便为他们服务。但是，售后服务人员的增多也带来了其他问题，即售后服务团队越来越大，其成本却是由公司承担的。

售后服务部门有三个职能：售后维修、售后管理和协同销售。首先看售后维修这个职能是由哪个部门得来的，是生产部门还是工程部门？售后维修所产生的工单是由于生产部门或工程部门在实施过程中，对质量把控不严格而产生了相应的后遗症，从而产生对售后提出需求的工单。因此，售后维修的客户应该是生产部门或工程部门。生产部门或工程部门在产品验收交付之际，需要留取部分的奖励作为业务的"质量保证金"。当产品交付达到一定时间后，如果该批次的产品没有客户投诉和维修费用，该"质量保证金"则部分返还给生产部门或工程部门作为奖金；如果产生了售后维修费用，则从"质量保证金"中扣除。

售后服务部门的第二个职能为售后管理，该职能存在的价值在于，不仅能够通过维修弥补客户的不满意，同时还可以采集产品和服务在售后环节中造成故障的隐患来源，然后将隐患反馈给相关部门，从而帮助企业预防售后事故的发生。这个职能指向的是公司的组织发展价值，所发生的费用应该从公司的发展基金中开支。该职能的客户为"总经理"，产品为"售后隐患和事故"。

售后服务部门的第三个职能为协同销售。售后服务部门的人员是最容易和客户接触并进行深入交流的，因为销售人员要约见客户是不太容易的，而售后人员上门通常会得到客户的重视。所以，售后人员可以拥有"协同销售"的职能，在售后服务过程中可以探询客户需求、设计销售方案、采集客户信息等，从而帮助销售部门获得新的订单。该职能的客户为"销售部门"，产品为"老客户的新需求"。

谁是绩效评价的主导者

既然拥有"一切均生意"的思维,我们就需要想清楚自己能够交付的结果。企业是一个盈利性组织,是在共同战略方向和战略目标牵引下的多位利益相关者共同完成的价值创造与传递、价值评价与分配的复杂协作系统。对外,每家企业都需要作为一个整体向客户交付客户认可的价值;对内,企业各个部门在分工协作体系中各自发挥规定的职能,共同设定绩效目标、制订绩效计划,通过不懈的努力实施绩效计划,对绩效计划实施后取得的绩效结果进行考评,以支撑整个企业绩效目标的实现。正如德鲁克所说的那样,企业的各级管理者必须对绩效负责,也就是要对绩效结果负责。

很多管理者认为是领导需要绩效管理(特别是绩效考评结果的真实信息),但事实上,绩效管理的真正责任主体始终是各个业务部门负责人及其团队。从发展源头来看,绩效本来自体育界。比如说 NBA 球员的价值主要取决于以下几个绩效数据:上场时间、助攻、抢断、篮板、投篮命中等,即比赛过程中各种指标的表现。球员未来的发展都和这些数据有关。对于球队来说,谁更需要看到这些数据呢?显然,球员更需要看到这些数据,以推动自己职业的发展。再比如,高尔夫运动员每次击球之后,都会从口袋里掏出一张卡片(计分卡)来记录成绩,这张卡片也是平衡计分卡(BSC)的由来。可见,球员本身更需要掌握自己的真实绩效信息。

正如我们每个人(而不是我们的家人或朋友)更需要掌握自己身体真实的健康数据一样。在企业中,不仅是老板或人力资源部门需要及时掌握各个管理者及其团队的绩效过程和结果信息,每个管理者也需要准确地掌握自己及其团队所负责的绩效目标的真实过程信息和结果信息。换言之,各级管理者最需要高效运转的绩效管理系统,每个管理者和员工通过需要交代的结果来证明自己及其团队的价值。在这里,人力资源部门和财务部门的作用是协助管理者及其团队进行绩效数据的设计、测量和分析,其目的不只是为了绩效的分配,更多的是为了个人、团队,甚至组织整体绩效的提升和改进。因此,我们得到的一个结论是:每一个部门的管理者都是绩效评估的主体,需要说清楚自己及其团队的绩效结果。

建立共同愿景

什么是共同愿景?共同愿景是基于利益相关者未来的共同愿望所要实现的景象。部门级的共同愿景是指部门的组织内外部客户、领导、员工和内外部供应商对该部门的共同期望,是客户、领导、员工和供应商对该部门期望的交集。

为什么需要建立共同愿景呢?因为组织的价值创造主体归根到底是人,经营的核心也是人,经营人的核心是经营"人心",利益相关者的人心向背直接决定了生意走向红火还是走向衰败。人只有基于共同愿景才能达成共识,才能形成共同的行动去实现共同的结果。所谓"上下同欲者胜",建立共同愿景是为了形成强有力的团队,本着互利共赢的原则,为同一个目标而努力。

为了找到部门生意的共同愿景,管理者首先需要明确企业的战略方向、业务的不同阶段,然后找到职能之间的驱动关系(公司处在不同的发展阶段,驱动部门可能不一样,我们在上文中已经对此进行了简要分析)。在此基础上,部门管理者需要说清楚本部门各个价值链所涉及的利益相关者,然后分析基于组织战略实现过程中各自期待实现的愿望。通常,每一个生意的利益相关者都有四个:客户、领导、员工、供应商。这里的客户是指价值交付的对象,领导是指价值的发起人,员工是指价值活动的实施者,供应商是指价值实现的必要要素的供应方(见表2.4)。管理者需要基于驱动职能找到客户、领导、员工和供应商的共同利益点。

表2.4 企业内的部门利益相关者及其定义

部门利益相关者	定 义
客户	价值交付的对象
领导	价值的发起人
员工	价值活动的实施者
供应商	价值实现的必要要素的供应方

以财务部门的三项职能为例来说明利益相关者（见表2.5）。

表2.5 财务部门的利益相关者

	利益相关者			
	客 户	领 导	员 工	供 应 商
核算价值链	领导及各业务负责人	财务部门直接上级	财务部门负责核算的员工	各业务部门
融资价值链	业务部门负责人	财务部门直接上级	财务部门负责融资的员工	银行、基金、担保公司等资金提供方
投资价值链	公司领导	财务部门直接上级	财务部门负责投资的员工	外部资金管理团队

在具体描述愿望时，我们提出以下几条基本原则作为参考。

基于未来的：与利益相关者探讨未来他们需要的结果是什么样的，讨论未来有助于形成长久的、持续的、稳定的价值共识。

基于现实的：从现实的角度出发，讨论下一步彼此能够带来的看得见的价值，推动彼此立即合作的进展。

可以实现的：愿望是可实现的，才能够激励大家对愿望的坚守，尽量用已经实现的案例来影响大家，提升大家的信心。

有激励性的：每个人都有各自的期望点，物资、精神、成长、关爱、存在感、参与、学习等，形成不同的愿望组合，丰富共同愿景的结构。

互利的：共同愿景要具备"互利"的原则，每个责任人能够从"利他"的角度出发，能够达到"利己"的目的，这样的愿景才能长久。

在所有的利益相关者中，谁是价值的支撑者呢？在不同的阶段，这些利益相关者会发挥不同的价值。卖方市场中"卖方"发挥价值，买方市场中"买方"发挥价值，遵循"从善如流"的价值理念，生意的主导者才能在不同的环境下，发挥不同利益者的价值，并给其他利益相关者带来价值，这样的生意才能生生不息、蓬勃发展。

拆掉"部门墙"

很多企业都存在"部门墙"的现象，即各个部门画地为牢、各自为战，相互之间的沟通、协同困难，造成企业整体效率低下，从而不利于企业战略实现，容易形成不良的企业文化。为了拆除这样的"部门墙"，人力资源部门想出了很多的办法，比如开设"跨部门沟通"的课程，组织跨部门的团队建设活动，宣贯"协作协同"的文化理念等。在活动现场大家群情激昂、充分投入、积极反思、主动承诺，但是回到工作岗位之后，似乎"一夜回到解放前"，为什么这样的方法难以根本解决"部门墙"呢？

"部门墙"的本质是"屁股决定脑袋"，要想让大家脑袋往一处想，就要让大家把屁股坐到一个板凳上，每个部门在设计各自"生意模式"的时候，要把其他部门的生意利益考虑进来。比如有些销售部门总是感觉财务部门不支持自己，奇怪的是财务部门对销售部门却相当支持，这个问题的解决方法是销售部门在设计自己的生意模式时，把财务部门看成自己的供应商，并描述清楚他们的共同愿景，这样双方自然就形成了一体化的合作关系。

"把别人的问题转化成自己的问题"，当每个部门在设计生意模式时，如果都能先考虑其他部门如何和自己形成"客户"与"供应商"的关系，为了共同的愿景、目标和利益，大家自然就能形成协同合作的关系。

因此，管理者在设计自己的生意模式时，不要只考虑自己要什么，然后把自己的理念推销给别人，这种思维模式是不对的。很多管理者在分解目标时，经常遇到员工不接受、不理解公司设定的目标，进而签订目标责任书就会成为异常艰难的事情。要想让员工更好地接受目标，就需要从员工的角度来表达，否则就违背了"己所不欲，勿施于人"的原则。

客户服务部的故事

前几年，某市的一家通信分公司出现了一个很严重的现象。随着3G业务的蓬勃发展，这家通信分公司一度获得了不少高端客户的市场，客户服务部员工开始接待投诉服务的客户越来越多，而他们的收入却没有太大的提升。领导找到咨询公司，希望打造团队协作意识的同时能够改变员工能力。面对咨询公司顾问们的到来，客户服务部的员工表现得非常不友好，因为他们认为顾问们不能解决实际问题。

面对这样的状况，顾问们从员工的收入期望着手，了解他们的未来收入目标。经过研讨，顾问们了解到客户服务部员工收入构成为基本工资、福利和绩效，其中只有绩效可以增加，绩效收入由2G业务、3G业务和客户服务三项业务构成，2G业务30元/客户，3G业务600元/客户，客户服务800元/月。员工惊讶地发现，如果想增加收入，就要把主要精力集中在3G业务上，但实际上他们却把大量的精力放在为客户提供服务的事务性工作上。

当员工意识到增加收入的关键方向为3G业务后，他们全力以赴地推动3G业务，很快收入就有了大幅度的提升。事实上，这样的选择也非常符合领导、供应商和客户的需求，因为领导需要达成新业务的目标，供应商需要提升出货量，客户希望更快拿到心仪的手机产品。

需要指出的是，我们基于部门寻找共同愿景的最大价值，是在后面设计该部门关键绩效结果的驱动公式时，基于共同愿景来梳理利益相关者之间的关系。

价值导向

面对多个利益相关者，我们将给他们创造什么价值呢？怎样才能形成价值交付的标准呢？是否创造了他们需要的真正价值？如何满足不同人员在不同阶段的需求呢？如何平衡不同价值之间的关系？价值的延续度如何？面对这些疑问，我们需要明确部门的"价值导向"。

一般来说，一个部门创造的价值可以从规模、效率、质量、成本四个方面进行设计，简称"多快好省"的价值导向（见图2.3）。

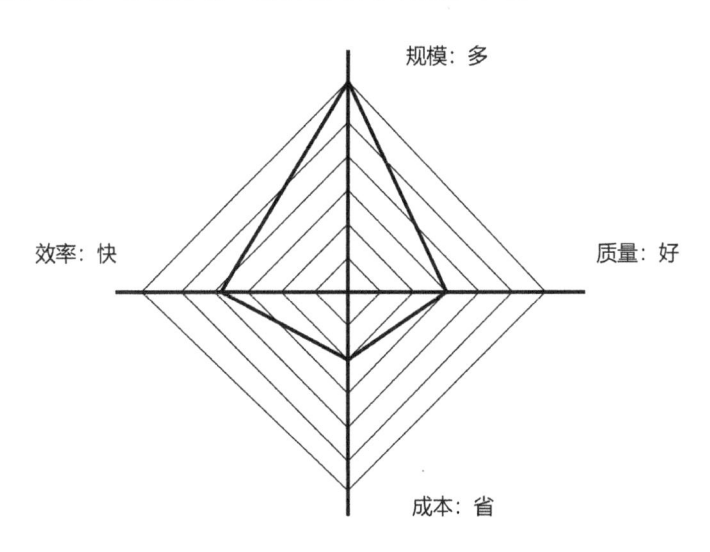

图 2.3 "多快好省"的价值导向

规模（多）：表示交付的价值总量，比如销量、产量、人数、回款额、合同额、客户数等，可以用绝对值来量化。

效率（快）：表示单位时间内交付价值的多少，可以用时间来量化。

质量（好）：表示交付价值的内在品质，可以用比率来量化，比如合格率、满意度、转化率等。

成本（省）：表示交付价值所需支付的成本，可以用绝对值来量化，比如物料、人工、管理成本等。

不同的部门在不同的阶段可以找到一个或多个关键的价值导向点，还可以从中找到量化指标。分析部门的价值取向会进一步帮助部门管理者在价值链分析的基础上找到部门的结果性指标。

在上述四个价值导向中，哪个价值导向是核心价值导向呢？通常大家的回答是"看情况""没标准"，因为大家觉得在不同的情形下，应该遵循的价值导向是不一样的。比如，销售部门有时候要追求"多"，有时候要追求"好"；采购部门有时候要追求"省"，有时候要追求"好"。大家到底应该如何平衡它们之间的关系呢？原则如下：

以"多"为核心，将"快""好""省"形成标准作为"多"的定语。

第一，确定规模，即"多"。原因有三点：一是组织战略的发展往往是围绕着规模来发展的；二是规模更容易衡量；三是规模更容易分解。

第二，确定标准，效率、质量和成本都是需要标准的，这些标准会成为"规模"交付的定语。

采购部门的价值导向

通常大家会认为采购部门的价值导向是"省"，甚至有人说采购部门每省下一元钱，公司的利润就增加一元钱，表达这种观点的人不是企业的总经理就是财务部门。其实，但从经营价值链来看，采购部门的客户是生产部门或工程部门。

采购部门为了省下一些运输费，可能做出以下的行为：明明要分三批来发的货，采购部门为了省钱，把三批货凑在一起发，的确给公司省下了两千元的运费。总经理知道了此事，自然会夸奖采购部门的员工，并鼓励他们再接再厉。

采购部门的这种行为却带来了负面效应。正是由于采购部门推迟了某些批次采购单的发货，导致生产部门或工程部门没能及时拿到材料，生产停工、员工等待、无法验收、延迟付款、客户投诉等风险产生，从而造成直接的和间接的损失超过一万元。此时，总经理将无法应对生产部门或工程部门的投诉。

造成这种结果的原因是采购部门将"多快好省"的价值导向搞错了。采购部门的核心价值导向首先应该是"多"，即满足生产部门或工程部门生产需要的采购订单"多"。在这个基础上，再考虑"快、好、省"的价值创造，事实上，"快、好、省"一旦形成了交付标准，就不能轻易调整。

我们可以想想"合同"签署的内容，大多数合同都是首先规定"规模"，比如双方要交易多少产品、支付多少费用、提供多少支持、获得多少收益等，然后再明确质量、效率和成本等方面的标准。

人力资源部门向业务部门交付员工，业务部门的需求可能是"多好快省"，并且会随时变化，人力资源部门面对这种随时变化的价值导向也会无所适从。因此，人力资源部门和业务部门首先要围绕"多"进行商定，即明确在新的一年中业务部门到底需要多少人，确定了需要的人数后，再商定质量要求、交付时间和交付成本这三个标准，这样双方围绕"人员招聘"这一生意才能说清楚。

描述一级问题

取果不取因

每个职能的生意确定了"多"的价值导向后,会产生多个指向"多"的因素,然后我们需要对这些因素进行因果归类,从而确定真正影响结果的因素,即成为一级问题的名词。

以销售部门的职能为例,销售部门需要创造更多的客户数、销售额、市场份额等,这几个因素之间是什么样的因果关系呢?客户数是因,市场份额是果;市场份额是因,销售额是果。很多人不理解为什么市场份额是因而销售额是果。领导和员工谁更关心销售额呢?全都关心。他们谁更关心市场份额?领导。为什么领导比员工更关心市场份额?因为市场份额是"未来销售额的因"。

再以培训部门为例,培训部门需要培养更多的合格员工,需要有更多的预算、更多的师资、更多的项目、更多的员工、更多的课程,这几个因素之间的因果关系是什么呢?经过归纳之后发现,因果关系是预算决定了合格的员工,员工决定了更多的老师,员工和老师决定了课程,课程决定了项目,项目决定了合格的员工数。

因此,销售部门的结果为"销售额",培训部门的结果为"合格的员工数"。

一级问题描述

关于一级问题,大家要记住的关键词为"战略结果的偏差",即每个职能确定组织中的生意逻辑,以及向客户交付的结果的偏差。每个部门都可能有多个一级问题,因为一个部门会有多个职能或业务,从而形成多个生意,每个生意都会有各自的客户和产品的定义,基于客户的需求描述战略结果的偏差即为一级问题。描述问题需要符合"主语＋谓语＋宾语＋补语"的格式，主语通常为第一人称，谓语为动词，宾语为名词，补语为量词的偏差。

销售部门和培训部门的一级问题描述如表 2.6 所示。

表 2.6　销售部门和培训部门的一级问题描述

主　语	谓　语	宾　　语	补　　语
销售部门	提升	2019 年的会议销售额	从 2000 万元到 3000 万元
培训部门	提升	2019 年的合格员工数	从 150 人到 300 人

主语：问题责任主体的界定，明确该问题的责任人。

谓语：表达了该问题解决的价值方向，如"提升""缩短""增加""提高"等动词。

宾语：问题的关键词，要界定问题的时间、内容的边界。

补语：表现了问题偏差的程度，由两个量词构成，第一个量词代表现状值，第二个量词代表战略目标值，从而保障支撑企业战略目标的实现。

目标值的设定

首先，我们来设定一级问题的目标值。目标值要与组织的战略目标相结合，它应该是两到三年的长期战略目标的理想值，至少是一年目标的理想值。以酒店会议业务为例。

确定企业的战略目标：经过测算，酒店的战略目标为 7000 万元，即三年后酒店的所有业务的总结果额为 7000 万元。

明确销售部门的生意模式：作为业务部门，销售部门的生意由业务线决定，销售部门负责会议和散客客房两大业务，从而形成这两个生意。

计算销售部门生意的比例：过去三年中，销售部门的销售额占酒店整体销售额的 50%，其中会议业务占 90%，散客客房业务占 10%。所以，三年后会议业务的销售额目标值为 3150 万元，散客客房业务的销售额目标值为 350 万元。

设定目标值的基本原则如下：

- 根据企业的战略目标确定部门职能的目标值。
- 比对企业上一年职能结果的数据。
- 比对行业标杆团队的数据。
- 分析市场可能性的结果数据。
- 基于自我判断和领导对未来的判断的数据。

了解了设定原则，接下来的目标值一般是按中长期（三到五年）战略目标进行设定。

现状值的测量

完成了目标值设定，接下来要进行现状值的测量。现状值就是职能结果目前的真实值。在测量现状值前，我们先要掌握数据收集的方法，即识别测量方法，再制订测量计划和收集数据。

制订测量计划要考虑时间、金钱和准确性之间的平衡，除此之外，我们还要考虑以下方面：

- 由谁来收集数据？
- 数据在哪儿？
- 何时（每天、每周）收集数据？
- 需要哪些资源的支撑和协助？

测量到的数值，在收集过程中应注意：

- 减少实施与计划的偏差。
- 严格根据定义要求收集数据，保证一致性。
- 观察并及时处理数据收集过程中的异常现象。

第 3 章

二级问题P2:
寻找驱动要素

> 二级问题的定义：基于公司年度经营目标的部门级过程驱动指标的偏差。

很多企业在战略分解中，通常是从企业的战略出发，运用战略地图、平衡计分卡和KPI等工具组合，将战略目标分解到各个部门，形成阶段性的关键绩效指标和关键绩效任务，然后各部门再将其转化成年度经营计划和预算，并纳入企业绩效考核系统。这样的做法解决了从"脑袋"到"腰部"的过程分解，但是从"腰部"再到"四肢"的分解却难以打通。虽然有了战略导向的引领和关键指标的评估，但岗位级的任务多数还会回到"经验式"的制定状态。所以，任务和结果之间缺乏"驱动性"的转化关系，即使任务完成得很好，指标的分数高，也不能保证结果目标一定实现。

在本章中，我们将围绕系统思考、驱动公式、驱动要素、三轮矩阵等展开介绍，围绕二级问题的设计、定义、测量和识别等进行学习。

系统思考

> "在我们所有人身上都有某种东西——喜欢拼图，喜欢看到整个图像慢慢清晰起来。一个人，或一朵花，或一首诗的美丽之处在于其完整。系统思考就是看到事情全貌的一项修炼。它提供了一种框架，来帮助我们观察相互关系而非仅仅事物本身，是用于观察模式和趋势的。"
>
> ——彼得·圣吉

这是《第五项修炼》的作者彼得·圣吉的一段话，彼得·圣吉原为麻省理工学院的系统动力学课程的资深讲师，他把系统动力学的原理运用在组织学习上，由此写出了《第五项修炼》，同时他还将系统动力学的原理应用在学习型组织的建设上。

《第五项修炼》更多强调的是系统思考,这五项修炼首先强调"自我超越",从个人层面实现自我突破,这是第一项修炼;要想实现个人的自我超越,需要改变"心智模式",这是第二项修炼;接下来还要实现团队和组织的超越,团队和组织的超越需要建立"共同愿景",这是第三项修炼;而实现共同愿景的方法是"团队学习",这是第四项修炼。这四方面的突破需要依靠一个工具,那就是系统思考,因此彼得·圣吉把"系统思考"定义成第五项修炼。

五项修炼中最核心的修炼就是系统思考,系统思考关注的不仅是事物本身,还包括事物与事物之间的关系。企业和人类的其他活动一样,也是一种系统,是由多个息息相关的事物构成的,彼此影响着。要想提升企业运营和管理的效率,就必须对企业的系统进行整体化的研究和构建,这个过程离不开"系统思考"这个工具。

过河的故事

一位农夫想要过河,等他走到河边才发现,原来经常走的小桥已经被大水冲垮了。他环顾四周,既看不到其他的桥,也看不到船只。对他来说,这可是一件非常棘手的事情,因为他要去参加一个重要的聚会。焦急万分的农夫手足无措,坐在河边哭泣起来。附近有座山,住在山上的一个和尚看到了这个情景,却会心地笑了。因为和尚清楚地看到离农夫所在位置左转500米处就有另一座小桥,他安排小徒弟迅速下山告诉农夫,农夫才开开心心地过了河。

农夫的做法和和尚的做法哪个是系统思考?当然是和尚的做法,因为农夫只看到了小河,而和尚却看到了小河和小桥之间的关系,所以和尚给出的过河方法是通过小桥过河,给出的趋势性行为是左转500米。和尚之所以能够进行系统思考,是因为他站得高、看得远。在工作中,如果管理者找不到更好的解决方案,就要反思是否应在更大的系统中看整体,以找到新的趋势和模式。

三种思维方式

在解决问题和改进业绩的过程当中，有三种应对问题的思维方式，分别是点状思维、线状思维和网状思维，而这三种思维方式又直接产生了三个层次的解决方案：症状解、模式解、根本解。

点状思维

点状思维是一种片面的、拘泥于具体事物症状的思维，属于局限思考。它只看到了问题的表面，而没有追究问题的本质和产生问题的根本原因。具有点状思维的管理者习惯为每一个表面症状找到一个对应的解决方案，看待企业的管理问题只凭片面的了解或局部的经验进行主观猜测、做出判断，并给出解决方案。这种只是解决了眼前的症状，却不具有可复制性，不能解决更多问题的方案被称为症状解。

线状思维

线状思维是沿着一定线型（既可以是直线也可以是曲线）的轨迹寻求解决方案的一种思维方法，属于因果思考。具有线状思维的管理者会考虑事物前因后果之间的联系，基于发展的需要，管理者采取的解决方案在一定阶段内是有效的，但由于思考得不全面，一旦前提条件发生了变化，采取的方案就解决不了问题了。就像《刻舟求剑》中那位寻找遗失的宝剑的人一样，只看到了宝剑的掉落位置和船的关系，而忽略了时间和空间的位置变化关系，所以，他的解决方案不能应对变化的情况。同样，《守株待兔》的故事也是这个道理。这种参照一定的模式，但不能随着环境的变化而进行优化的方案被称为模式解。

网状思维

网状思维是指以整体的观点进行系统思考的思维模式,重点是研究系统内事物之间的关系。网状思维不仅帮助我们看到点、线、面的各自存在状态,还能够帮助我们看清楚点与线、线与面之间的关系来,从而快速找到点与点之间的最佳路径。系统思考是指从多种要素的整体角度出发来分析和解决问题,这些要素包括时间要素、空间要素和因果要素。用系统思考的方式来构建新的符合未来发展需要的关系的解决方案被称为根本解,这种解决方案在组织职能和架构不发生大变动的前提下,是可以长久有效的。

烧水的例子

炉子上烧着水,水开之后产生的热气会将壶盖顶起来,并发出"突突突"的声响,要使炉子上正在沸腾的开水迅速冷却下来,该怎么做呢?

第一种方法是加入一些凉水,这种"扬汤止沸"的做法是症状解,消除了短期的症状,可很快水又沸腾了。

于是有人想到另外一种方法,干脆从水龙头接一根管子,不停地向水壶中导入凉水,这样能缓解水沸腾的症状,并且能保持一段时间,这种"细水长流"保持长期平衡的做法是模式解。

要想让水彻底冷却下来,更好的做法就是把火关掉,这种"釜底抽薪"的做法是根本解。

在选择最佳方案的时候,通常要在模式解和根本解当中选择,大家都想找到根本解,从而一劳永逸,但是事实上往往选择模式解更加现实。因此,在找到理想方案之前,由于环境和前提的不成熟,退而求其次,人们更多时候选择了次优的模式解。这说明组织的发展充满了各种"妥协"的过程。

商业业态的升级

管理者在工作中总是需要面对纷繁复杂的信息，如何通过系统思考的方式了解一些趋势和模式呢？

经营水管的企业获得以下两个信息：
- 天气预报报道今年冬季会大面积降温。
- 一个经营规模较大的竞争对手将于下半年完成工厂的搬迁。

基于这两个信息，该企业做出了以下的判断：
- 天气一冷，水管可能因为保护不周导致大面积爆裂，水管的需求量自然增加。
- 竞争对手的工厂将于下半年搬迁，整体市场的供给会大幅缩水。该企业基于系统思考对"模式和趋势"进行了判断：加大下半年的库存和产能，应对冬季旺季的到来。

在过去20多年中，中国商业升级的核心是围绕"流量的转移"展开的。

商业1.0时代：批发市场模式。在二十世纪八九十年代，老百姓购物喜欢去批发市场，在那个物资紧缺、渠道不畅的年代，琳琅满目的小商品批发市场吸引了老百姓的目光，因为商品种类全且便宜，一到过年过节的时候，批发市场总是有很多人。

商业2.0时代：超市模式。相对于批发市场，超市同样具有品种全、价格低的特点，并且更加便捷，购物环境更加舒适，人流量逐步转向了超市，随着这种业态的发展，中国市场还出现了垂直连锁超市，如家电、图书、母婴、化妆品等连锁超市品牌。

商业3.0时代：大型商场模式。以20世纪90年代末河南郑州亚细亚商战为标志，全国各大城市的大型商场开始进入快速发展阶段，消费者更加看重商场的购物环境、品牌商品和服务体系，中国商业进入消费升级的阶段。大型商场不断地扩大规模，兼并重组，举办各种店庆促销活动，增加了消费者流量。

商业 4.0 时代：购物中心模式。以万达模式为代表的购物中心迅速席卷全国，这种将商业、娱乐、餐饮、社交等功能进行一体化集成的模式大大地吸引了消费者，并在不知不觉中改变了中国人的购物习惯。过去人们逛街主要是为了购物，现在变成主要是为了吃饭、看电影、聊天，顺便买东西。

商业 5.0 时代：阿里巴巴自从用免费的模式在中国市场打败了易贝之后，开始全力推动中国消费者网上购物，但直到推出"双十一"购物节后，消费者才逐步习惯网络购物，大量的流量开始转向互联网。

线下的商业发展与演化历史，还会在线上重新上演，只不过周期会更短，竞争会更加激烈。如从淘宝的"批发市场模式"到京东的"超市模式"，再到天猫的"大商场模式"，未来可能很快会出现以经营消费者数据、通过 VR（虚拟现实）、AI（人工智能）等科技手段强化消费者的线上线下体验一体化的"购物中心模式"，单纯经营"流量"的创业公司会遇到挑战，而"精准流量 + 价值创造"的创业公司会拥有更强大的生命力。无论是商业的经营、企业的管理，还是国家与国家的关系、文化的融合，都可以从系统思考中观察事物与事物之间的相互关系，从而判断未来的模式和趋势。

驱动要素

驱动公式

前文中提到"语文式"管理和"数学式"管理的区别，特别强调了过程管控中"数学式"管理的缺失。"数学式"管理的缺失很容易从目标直接转到计划和预算，从而将过程管控简化成任务管理。过程不可量化、不可控制、不够稳定、不能保证带来结果，因此我们需要在任务和目标之间找到一个能够衔接彼此的要素，即驱动要素。设计驱动要素需要运用的数学公式称为"驱动公式"。

驱动公式是指在一张图中，用加减乘除的算法，将多个驱动要素串联起来的公式。

一个公式体现系统性

回到企业的管理改进中来，企业应如何做到系统思考呢？企业经营遇到问题如何有效解决？相信这些问题一直困扰着管理者，驱动要素和驱动公式将从系统思考的角度来帮助大家解决企业问题、提升组织绩效。

如果把企业比作一辆汽车，那么它应具备多个系统：转向系统、传动系统、制动系统及悬挂系统等，每个系统都有自身的功能定位，为了实现自身的功能定位，每个系统都自成一体，由多个零部件形成驱动关系，以保障功能定位的实现。企业的管理同样如此，每个部门都有各自的职能定位，以形成部门的多个生意模式，为了实现多个生意模式，需要多个要素来保障，并且这些要素要在一个公式中体现出它们之间的系统关系。

加减乘除体现逻辑性

前面已经提到职能的价值导向通常有四个方面：指向"多"的规模、指向"快"的效率、指向"好"的质量和指向"省"的成本。为了方便大家记忆，我们将"多快好省"和"加减乘除"进行了以下匹配。

"多"通常用乘法，如合格员工数＝参培员工数 × 合格率、销售额＝销量 × 单价。

"快"通常用减法。所谓快，是指单位时间内能够完成更多的任务，如研发周期＝计划的3个月－定义0.5个月－设计1.5个月－测试0.5个月－发布0.5个月。

"好"通常用除法，如培训支撑率＝能培训的学员数/总需求学员数，合格率＝合格的产品数/总产品数。

"省"通常用加法，如成本额＝固定成本＋变动成本。在实际应用中，加法和减法、乘法和除法之间可以相互换算。

驱动思维体现发展性

驱动公式的算法体现出两种思维：统计思维和发展思维。统计思维是指事情完成后对过去产生的结果进行统计的一种思维方式。发展思维是指事情还没有完成，需要找到可支撑完成未来结果的要素关系的一种思维方式。

举例：银行的客均贷款额。

统计思维的公式为：客均贷款额 = 贷款总额 / 总客户数

发展思维的公式为：客均贷款额 = 客均需求资金总额 × 贷款转化率 × 我行合作转化率 × 风控审批通过率 × 落地使用率

第一种算法中的"贷款总额"和"总客户数"两个要素需要等到工作完成后通过统计得出；在第二种算法中，银行客户部可以通过提前规划来推动"客均需求资金总额"（代表客户质量）、"贷款转化率"（代表产品吸引力）、"我行合作转化率"（代表客情关系）、"风控审批通过率"（代表方案专业性）和"落地使用率"（代表项目执行质量）五个方面的发展，从而支撑"客均贷款额"的提升，银行客户部重点抓基于发展思维的几个要素比抓基于统计思维的几个要素更有意义。

以"人"为本的驱动

组织的核心驱动是"人"，有利益关系的"人"构成了生意的基础，利益相关者就成了经营和管理的重点。从生意的角度来说，利益相关者通常包含客户、领导、员工、供应商四类。领导和管理者的关系是一致的，管理者是领导的代表，所以其余三个利益相关者构成了生意的驱动主体，做好一个"生意"需要回答以下三个问题：

- 本生意将满足谁的什么需求？
- 本生意由哪些人基于什么能力和要素来满足需求？
- 本生意需要供应什么样的产品才能创造价值？

基于业务处于不同的发展阶段，同样的"销售额"可以设计出不同的驱动公式（见表3.1）。

表3.1 以"销售额"为例的驱动公式

业务阶段	驱 动 点	驱动公式
起步期	客户需求驱动	销售额 = 客户数 × 客均项目次 × 次均合同额
发展期	员工能力驱动	销售额 = 合格员工数 × 人均合同数 × 合同均额
成熟期	供应商产品驱动	销售额 = 合格产品数 × 均成交客户数 × 客均成交额

随着业务发展从起步期走向成熟期，支撑业务的销售额的驱动公式也会发生变化，起步期的业务通常是"客户需求驱动"，适用于第一个公式，重点是通过获取更多的客户来提升销售额；发展期的业务通常是"员工能力驱动"，重点是通过推动员工或外部合作伙伴的能力来提升销售额；成熟期的业务更多的是"供应商产品驱动"，重点是通过与供应商的合作推出更加系统的产品方案来满足需求，从而实际提升销售额的目标。

业务部门的驱动可以依上述内容思考。同样地，职能部门的驱动也可以按照这个逻辑来思考，以人力资源部门的招聘职能为例，招聘职能的客户是各业务部门，产品是"合格的新员工数"，因此，招聘的生意模式在不同阶段可以设计不同的驱动公式（见表3.2）。

表3.2 以"合格的新员工数"为例的驱动公式

招聘阶段	驱 动 点	驱动公式
起步期	渠道开发	新员工数 = 渠道数 × 渠道均简历数 × 面试到岗率
发展期	员工能力	新员工数 = 甄选官数 × 人均甄选数 × 面试到岗率
成熟期	岗位方案	新员工数 = 合格岗位数 × 岗位均获取简历数 × 面试到岗率

处于起步期的公司有大量的岗位需要招聘，市场上的应聘者对本公司招聘的岗位不太了解，在这个阶段，招聘部门需要开发出更多的渠道来宣传本公司

的岗位,以获得更多应聘者的信息。招聘工作进入发展期后,随着公司品牌形象的提升,应聘者简历的获取不再困难,需要有更多"合格的甄选官"来支撑筛选,在这个阶段,招聘部门的主要工作是"甄选官"的培养。当招聘工作走向成熟期时,关键岗位人才的获取成了招聘工作的重点,同时也面临更加激烈的竞争。这个阶段的工作重点是包装"重点岗位"的招聘方案,通过开发专业的渠道来接触这些专业的人员,因为这些重点岗位的对象通常不会把简历放到普通的招聘渠道里,只有通过专业群、特定圈、关键人,才能够有效地接触他们。

管理培训行业的市场驱动转型

对于很多人来说,管理培训行业是一个新兴的行业,随着中国经济的不断转型升级,这个行业也在不断地发展壮大,形成了数千亿元的市场规模。该行业的萌芽期从20世纪90年代开始,一小部分高校的教授、策划人及来自外企的经理人开始小范围地提供管理培训服务,加上台湾地区和香港的激励式课程的助力,管理培训行业很快成长起来。大大小小的培训咨询公司如雨后春笋般涌现,各大高校的MBA(工商管理专业型硕士研究生)、EMBA(高级管理人员工商管理硕士)、EDP(高层管理者培训与发展中心)等项目更是促进了这个行业的发展,这样的态势客观上对中国企业的管理启蒙、眼界拓展、能力提升提供了帮助。作为行业的参与者,见证了多个机构的起伏,培训咨询企业也需要遵循企业发展的驱动原则(见表3.3)。

表3.3 培训咨询企业驱动原则

市场阶段	团队驱动点	驱动对象	驱动要素
起步期	销售驱动	企业高层领导	合作客户数
发展期	服务驱动	人力资源、培训等部门	合作项目数
成熟期	产品驱动	业务部门	项目均额

管理培训行业在起步阶段，通常依靠"销售驱动"。因为在这个阶段，企业人员能力成长的需求开始慢慢放大，企业高层领导的学习需求居于首位。因此，大批围绕企业高层领导学习的培训机构得到快速发展，主要交付形式为"公开课"，销售方式为"人海战术"，课程内容以"新思路""新信息""新概念"为主，老师的选择偏重名人，课程现场规模宏大、气氛热烈、单向演讲，充满了销售的氛围。该阶段维持了10年左右，由于许多企业的高层领导初次接触的培训都是这种形式，所以对管理培训留下了根深蒂固的偏见，认为管理培训就是"演唱会""大忽悠"。

自2008年金融危机后，管理培训行业开始转型，中国经济的增长速度放缓，企业领导者开始真正关注"管理的价值"，需求升级，重视人力资源和培训部门的价值。培训机构也开始逐步转型，从"销售驱动"走向"服务驱动"，为企业人力资源部门提供培训需求采集、方案设计、项目实施、效果评估等专业化的服务，课程也从推荐老师到推荐项目，焦点从讲师转到项目的匹配上。在公开课方面，许多机构开始推出"学习卡"，为企业学习提供套餐服务。高校商学项目也开始转型，关注企业家的交际圈、资源交换等服务需求，后因影响了高校的形象，经过教育部门的干预，高校的管理培训业务开始走下坡路。

近几年来，企业领导者越来越重视组织和人才的发展，企业大学得以蓬勃发展，企业内部的培训机构专业化程度迅速提升；同时，互联网的快速发展，使信息和知识获取的成本越来越低。由此，过去依靠公开课和内部培训来赚取差价的"中介模式"受到了挑战，拥有知识产权和核心技术的培训咨询机构开始得到广泛认可。因为在这一阶段客户变成了"业务部门"，基于务实的角度，业务部门负责人会更加偏向能够解决业务部门短期或长期问题的供应商。

而在此背景下，企业的人力资源部门也面临三个阶段的转型。第一个阶段为"资源中心"，即业务部门和高层领导提供外部资源的识别、选择、实施等服务,这种服务只能满足企业的初级需求,价值不可持续;第二个阶段为"技术中心",即为组织和人才发展提供专业技术支撑,如组织设计、课程设计、平台支撑等,这样的服务对人力资源从业者的要求越来越高;第三个阶段为"数据中心",即人力资源部门将建立起以业务流程和逻辑为核心的数据库,围绕企业战略为业务部门提供过程效率的识别、分析、改进等服务,做到这一步,企业的人力资源部门才能成为真正的 HRBP(人力资源业务合作伙伴)。

在实际的工作中,很多企业缺乏"卖方案"的概念,大家更愿意"卖材料"。比如一家专门生产"水管"的企业,销售团队更加热衷于"卖水管",绩效考核也是以"卖了多少米水管"为主要考核指标。但是,销售部门的"产品"不是"水管",而是"销售方案",水管只是方案的原材料。除了"水管"是原材料,人力资源部门给销售部门提供的"人",以及财务部门提供的"财务资源""财务政策"也都是销售部门的原材料,销售部门通过整合这些原材料,根据不同客户的需求,制定出不同的"销售方案",以获得客户的认知、认可、买单、回款,从而为企业创造价值。

卖钉子的故事

一家专门销售五金的门店迎来了一位女性顾客,她要买一枚钉子,营业员为了多创造一些营业额,就积极地向顾客推销店里钉子的品种、规格、数量等,希望顾客能够多买一些钉子。

这种销售行为是典型的"卖材料"的模式,再怎么推销,顾客最多冲着营业员热情的态度,多买一枚表示心意,但是多买的那一枚钉子对于顾客来说就是浪费。营业员应该如何从"卖材料"的模式转向"卖方案"的模式呢?

营业员：你购买钉子的目的是什么？

顾客：家里需要挂一根绳子，但是墙上没有洞。

营业员：嗯，你家的墙上需要有一个洞，是你亲自打洞还是有专业的人帮助你打洞呢？

顾客：这点小事我亲自做。

营业员：不经常操作的人最好戴着手套。

顾客：是呀，拿一副手套吧。

营业员：操作过程中最好用老虎钳夹住，这样更稳更安全，家里有老虎钳吗？

顾客：哦，还真没有，也拿一把吧，反正以后也会经常用到。

营业员：如果家里的墙体很硬，光有小锤是不行的，通常用小锤定位，用大锤到位，你家里有小锤和大锤吗？

顾客：家里只有小锤，能跟你借一把大锤吗？我可以付你租金。

营业员：可以，没有问题。

在上述销售案例中，顾客本来只想买一枚钉子，但是在营业员运用"卖方案"的思路的推进下，顾客分别购买了钉子、手套、老虎钳，并租用了大锤，这就是基于客户的需求形成了系统的解决方案，客户虽然花了更多的钱，却收获了更好的消费体验。

一个成功的方案通常由原材料、工艺和服务三方面构成。五金店"卖钉子"的解决方案如表3.4所示。

表3.4 五金店"卖钉子"的解决方案

方案要素	内容
原材料	钉子、手套、老虎钳、锤子
工艺	分析墙面承重、安装工具、安装方式、检测工艺等
服务	探询需求、上门服务、上门保养、售后服务等

通过原材料、工艺、服务这三方面要素的整合和创新，能够给企业创造新的价值。很多人一说起企业的产品和服务，立刻想到价格比较高，这是缺乏客户服务意识所形成的"价格恐惧心态"。企业不需要为客户计算出他应花多少钱，只需要获取且满足客户的需求。事实上，大多数时候恰恰是服务提供方主动把客户的注意力集中到材料价格的比较上的，这会促使客户以"价格贵"为理由拒绝交易。对于客户来说，在解决问题的基础上满足"自愿的选择"才是一场愉快的消费。

驱动要素与影响要素的区别

在一级问题的分析中，我们以五星级酒店的销售部门为例，确定了销售部门拥有"会议销售额的偏差"和"散客客房销售额的偏差"两个一级问题。会议销售额这个问题通常是针对企事业单位、政府单位的会议和培训业务而言的，这个业务在酒店的年度经营目标中占到45%，在销售部门的业务中占到90%，因此，"会议销售额"这个问题对于销售部门来说非常重要。

过去，销售人员在一起讨论分析"如何提升会议销售额"时，大家通常会有如下表达：

- 八项禁令　　● 熟人介绍少　　● 口碑不好　　● 设备陈旧　　● 其他店降价
- 员工流失多　● 周边修路　　　● 员工能力低　● 会场数量少　● 产品更新慢
- 客源渠道少　● 竞争对手强　　● 距离太远　　● 停车不配套　● 客户会期短

以上这些要素都是"影响要素"，讨论并不能直接解决问题，讨论的好处是与会者的心情都变得特别好，大家都找到了更多的理由：原来目标没有达成不是我们的错，都是影响要素造成的。因此，一旦确定结果目标之后，我们首先要讨论的不是"影响要素"，而是设计"驱动要素"。

驱动要素是指在一个公式中，用加减乘除的算法，以发展思维计算出结果的要素组合。该公式即为驱动公式，公式如下：

会议销售额 = 潜在客户数 × 一次成交率 × 客均需求数 × 合作转化率 ×

次均参会人数 × 人均消费额

驱动要素库（部分参考）如表 3.5 所示。

表 3.5　驱动要素库（部分参考）

职　能	驱动要素	职　能	驱动要素
招聘	合格渠道数	质量管理	识别隐患人数
	渠道均简历数		均识别隐患数
	面试率		清除隐患人数
	合格甄选官		均负责隐患数
	人均甄选数		隐患清除率
	面试到岗率		事故转化率
	留存率		事故均损失额
销售	潜在客户数	申报项目	政府部门数
	一次成交率		均线索数
	客均需求总数		合格部门数
	合作转化率		均项目支撑数
	次均产品数		成功转化率
	产品均额		验收合格率
财务融资	渠道数	生产	合格车间数
	渠道均授信额		均合格小组数
	合格项目数		小组均产量
	项目均融资额		小组有效开工率
	融资转化率		产品合格率
	融资合格率		合格产品均价

驱动要素和影响要素相比较，具有稳定性（Stable）、可控性（Controllable）、结果性（Result-driven）和可测量（Measurable）四个特点，简称"SCRM"。

稳定性：酒店销售部门的六个驱动要素对于一个酒店的会议销售额来说，只要主营业务没有变化，十年前要抓这六个驱动要素，同样十年后还得抓这六个驱动要素，不随着管理者的变化而变化，也不随着环境的变化而变化。人员可以变化，但驱动要素不能变，这样可以避免"一朝天子一朝臣"的现象。

可控性：驱动要素的数据是通过责任人自己的努力可以实现的要素。驱动要素是自己可以改变的要素，不是别人掌控的要素。例如"潜在客户数"，一旦确定为驱动要素，该销售部门的全体员工都要围绕"潜在客户数"的标准和目标来制定策略和计划，通过大家的共同努力来提升该驱动要素的目标值。

结果性：驱动要素的数据一旦改变就一定能带来结果的改变，如"成交客户数"、"客均消费次"和"次均消费额"这三个驱动要素的数据全面提升了，销售额的结果必然会提升，而影响要素的数据改变，只是可能改变结果，不能保证肯定改变结果。

可测量：驱动要素是可以量化的，影响要素无法量化，或者量化了也没什么意义。因为可量化的数据需要满足持续性、活跃性和可比对性三点。驱动要素一旦确定，因其"稳定性"能保持"持续性"，其"可控性"能保持"活跃性"，形成了"结果性"的逻辑能保证数据之间的"可比对性"，而影响要素均不具备这些特征。

驱动要素的七大意义

找到组织的驱动公式和驱动要素，究竟对组织目标的完成有什么意义呢？它和以前的指标分解模式到底有什么差别呢？

当管理者得到一个结果指标时，通常怎么分解呢？过去往往都是用"结果到结果"的方式。例如，酒店销售部门要完成1000万元的会议销售额指标，销售部门经理会分给部门的四位销售人员，要么平均分配每人250万元，要么按能力分配，分解下来的状况可能是A（300万元）、B（400万元）、C（200万元）、D（100万元）。这种强行分配模式会造成员工不一定认同、员工不保证能完成、管理者过程不可控的后果。

通过学习驱动要素，分解方式可以优化（见表3.6），员工不再单独接受销售结果的目标，而是围绕驱动要素的指标进行分解。

表 3.6　基于驱动要素的目标分解

销售额 1000 万元	潜在客户 数（人）	一次 成交率	客均消费 次（次）	合作 转化率	次均参会 人数（人）	人均消费 额（元）
员工 A	160	60%	4	50%	70	500
员工 B	120	50%	4	50%	60	550
员工 C	90	50%	2	70%	50	500
员工 D	80	40%	2	60%	40	600

注：实际工作中，为了保证目标的完成，管理者在分解目标时，要求每个员工的目标数加总后超过管理者设定的目标数。

通过驱动要素来分解目标，可以带来七方面的积极意义。

确定业务发展定位

什么叫业务发展定位？还是以某酒店的会议销售额为例，1000 万元销售额目标的达成是定位于少量的高消费客户，还是着眼于大量的低消费客户，定位不同，驱动要素的目标数据就不同。很多管理者对于业务定位不清楚，他们希望通吃不同层面、不同定位的消费者，但是酒店的硬件配置、服务流程、促销政策、新产品开发和员工能力的培养，都要以特定客户群体为目标，如果没有精准的定位，会带来以下两种可能：

- 资源高配，客源低配，这种状况会影响酒店的收益率。
- 资源低配，客源高配，这种状况会影响客户的体验。

界定客户价值标准

通过驱动要素可以明确该酒店高价值客户的标准：月度消费次数不低于 4 次、合作转化率不低于 50%、次均参会人数不低于 50 人、人均消费额不低于 500 元。符合以上标准的客户即酒店的高价值客户。对于高价值客户和低价值客户应采取不同的接待标准，对于高价值客户可启用一级接待标准，对低价值客户可启用二级接待标准（以不消耗酒店核心资源为前提提供服务），如果是更低价值的客户，可能还会有三级标准、四级标准。总之，通过这样一种方式能够对现有客户进行精准的分类，如果没有这个分类，员工出于对自身利益的考虑，崇尚"捡到篮子都是菜"，认为拉进来的客户只要有消费，自己就能拿到提成。但是过多低价值的客户恰恰会占用酒店的核心资源，如会场、包厢、大厅等，这样会影响高价值客户的体验，最终影响酒店的收益率，造成酒店整体绩效目标无法达成。

界定合格员工的标准

很多企业对合格员工的要求是德才兼备，对于什么是"德才兼备"，缺乏相应的标准来衡量。采用驱动要素就可以量化合格员工标准。以酒店的销售人员为例，销售人员的"潜在客户数""一次成交率""客均消费次""合作转化率""次均参会人数""人均消费额"等驱动要素是否在平均线以上，经过计算，结果大于1的员工可以定义为"合格的员工"，反之，结果小于1的员工则为"不合格员工"。

举例：员工合格率的计算如表 3.7 所示。

表 3.7 计算员工合格率

驱动要素	标 准 值	重要度权重	A 实际值	B 实际值
潜在客户数	100	30%	120	80
一次成交率	50%	30%	55%	45%
客均消费次	4	10%	4.5	3
合作转化率	50%	10%	60%	40%
次均参会人数	50	10%	80	35
人均消费额	500	10%	650	450

员工合格率的计算公式为：合格率 = $\sum$（实际值 / 标准值）× 权重，经过计算，A 员工的合格率为 121.25%，B 员工的合格率为 82.5%。

只有通过计算，确定员工的合格率，才知道下一阶段重点管理和辅导的对象是哪些员工。帮助员工从不合格提升到合格本就是管理者的重要职责，因为管理者"管理的生意"的产品即为"合格的员工"。

建立员工目标达成信心

过去任务分配是从结果到结果，员工看到的是领导分解的结果，是否能完成、怎么才能完成，员工心里没底，其实多数时候领导心里也未必有底。但如果按驱动要素设定的指标，那其实是将驱动要素所需达到的数据分给员工，员工能更容易找到自己这些驱动要素的数据。比如，员工A手头已经有了130个潜在客户，他的客户转化率已经超过50%，而且其他驱动要素的数据也和标准相差不大，通过将数据代入价值公式，他就会发现，只要在某一两个驱动要素上面再稍稍努力一下，这一年的业绩目标就能实现。因为可以看到这些驱动要素的数据，所以员工对分配的这个目标心里是有底的。这种操作能够帮助员工建立信心，增加对指标完成的新信任度。目标分解后，要把"因为相信所以看到"的领导思维转化为"因为看到所以相信"的员工思维，最终落实到员工的行动中去。

聚焦管理者的管控点

通过驱动要素的设定，销售团队的管理者能够找到精准的管控点。本部门四位员工的24个驱动要素的数值一旦确定下来，该销售经理在本年度中所做的一切工作应该指向这24个数据。凡是有助于这24个数据实现的工作，该销售经理都该努力去做；凡是跟这24个数据无关的事情，销售经理可以选择不做。总之，他如果能够严防死守这24个数据，他们团队的业绩目标就一定能够实现。过去管理者没有具体管控点，把结果目标分配下去后，除了管控最终结果，就是管理日常性的行为和任务，比如你今天做什么、你明天打算做什么，员工按照领导的期望做出了这些行为，也不能保证目标的达成。因此，销售经理只有全力管控这24个数据，才能确保他们团队业绩的完成。

团队平衡健康发展

团队中的 D 工作到年中离职了，按照以前的处理方式，D 的客户会被 A、B、C 三位员工瓜分。这种做法并不利于团队的整体发展，一方面优质资源会集中到少数老员工身上，另一方面导致新员工 E 缺乏资源和政策支持，所以 E 将很难融入这个团队当中。通过驱动要素的设计，可以做到"换人不换指标"，一旦 D 离职了，D 的客户资源可以通过"拍卖"的方式转让给其他员工，其他员工在获取资源的同时，其目标也需要同比增加。如果另外三位员工不愿意接受，则该资源可以留给新员工 E，管理者重点协助 E 完成下半年的目标。如果 E 可以完成，就可以把 D 上半年的部分业绩奖励给 E。新员工进入团队后，则会得到客户资源、业务的业绩基础、政策三方面的支持。新员工的留存率和合格率会大大增加，这样才能保证整个团队业务平衡、持续、稳定的发展。

结果一定超额

当销售经理紧紧围绕以上四位员工的 24 个数据开展全年的工作时，到了年终，这 24 个数据的实际值都超过了当初制定的目标值，该销售部门的销售额目标就一定能超额完成。因为这 24 个数据的最低值都已经达标，说明还有多个数据超过了既定的目标，驱动要素之间形成了"乘法"的数据关系。如果一个逻辑层次的三个数据分别超过目标值的 20%，那销售额的结果就在原有目标的基础上提升为 1.2 的三次方，即 1.728 倍。

为什么过去解决管理问题的效果不够明显？首先，多数时候在选题的环节就出现了偏差，确定的不是"真正的问题"，而是"症状"级的假问题，即使进行了改善，也不会带来本质的提升；其次，也许能够找到"真正的问题"，但只是解决了单个的问题，即使该问题得以解决，结果提升的空间也不够大；最后，我们可以同时找到多个具有数学逻辑关系的"真正的问题"，只要团队上下目标一致，分工到人，进行整体的、系统的、持续的分析和解决，就能带来更大的改进空间。

从定义到改进

改进的前提是分析，分析的前提是统计，统计的前提是测量，测量的前提是标准，标准的前提是定义，因此我们首先要搞清楚驱动要素的名词分类。

对驱动要素必须进行定义，因为不同人对问题的理解是不一样的。比如"潜在客户数"这个驱动要素，什么叫潜在客户，不同人有不同的答案，小张认为所有客户都是潜在客户，小李认为去年消费过我们产品的客户都是潜在客户。不同定义带来的标准不同，所以无法统一测量、统计和分析，也无法形成科学的分析和改进。

"有效的数据"需具有三个特点：持续性、活跃性和可比对性。如果没有统一的定义，数据不具有"持续性"的特点，前一个月和后一个月统计的数据没有统一的定义，就不是一个维度的数据；没有统一的定义，也无法具有"活跃性"的特点，大家喜欢看数据是希望看到数据背后的真相，如果数据没有统一的定义，测量出来的数据就不真实，无法反映真实的状况；如果没有统一的定义，就不会满足"可比对性"的特点，不同员工、不同客户和不同团队之间需要通过同一维度的数据进行比对分析，这样才能发现问题，如果定义不统一，就无法进行数据比对。

定义驱动要素采取的是 4W1H 的方法：Who——谁是责任人，面向对象是谁；Where——什么区域，什么业务；When——何时，什么时间开始、完成；What——做什么，做到什么程度；How to Measure——测量人、测量周期、测量工具。例如，酒店包厢的"潜在客户数"最终可能定义为：客户经理在新的一年里，经过拜访确认后的、有包厢需求的、有政府企事业单位明确联系人和联系方式的客户填写进公司 CRM 系统，并经过销售部门经理签字后确认的客户数量。

三轮矩阵

前面我们完成了对驱动要素的定义，通过定义标准，我们有了测量驱动要素的可能，统计形成驱动要素的数据库，并用以统计和分析，最终指导计划和改进。

司机有汽车仪表盘来指导驾驶，企业管理者需要相应的"管理仪表盘"来指导组织策略和计划的执行，那么日常的财务报表、销售报表等是"管理仪表盘"吗？这些报表大部分描述的是事后的结果，而汽车上的仪表盘显示的是实时的过程信息，所以报表不能替代驱动要素的数据。那么，每个驱动要素需要测量和收集哪些数据呢？正常情况下，每个驱动要素需要测量愿景值、测量现状值、设定计划值，这样才能形成完整的驱动数据库。

当我们收集到所有驱动要素的愿景值、现状值和计划值后，就形成了基础数据库。接下来我们该如何去分析和使用基础数据库呢？我们用三轮矩阵作为企业业绩"管理仪表盘"，通过把驱动要素和对应数据放置在三轮矩阵中，就得到了业绩仪表盘。业绩仪表盘有三个轮，右上轮为愿景轮（添加愿景值），左下轮为现状轮（添加现状值），中间为计划轮（添加计划值），如图3.1所示。

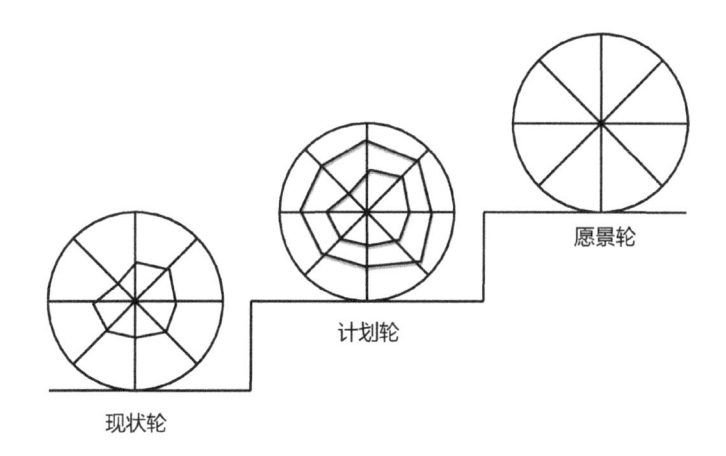

图 3.1　三轮矩阵

为什么要建立三轮矩阵

首先,管理者在实现战略目标的过程中,既需要把握本部门"重要的事"的方向,又要尽快处理本部门"紧急的事"。"重要的事"指向未来的战略偏差,"紧急的事"指向年度过程偏差,而紧急的事和重要的事之间又会形成衔接,三轮矩阵体现了基于战略目标实现的闭环管理。

其次,管理者在战略目标达成中需要回答三个问题:是否知道并认同组织的战略(战略定位);是否愿意陪伴这个组织走一个或多个战略周期(合作定心);是否保证业务目标一定会完成(执行定力)。以上三个问题在三轮矩阵中都能找到答案。以酒店销售部门为例,作为部门负责人清楚知道酒店的战略目标为 7000 万元,明确团队至少要合作三年以上,销售部门凭借完成过程驱动要素的偏差,确保本部门能够完成 3500 万元的销售额,来支撑酒店 7000 万元的战略目标。

最后,解决问题的三大前提在三轮矩阵当中也有体现:

- 把别人的问题转化成自己的问题,该三轮矩阵当中的问题都是销售部门自己能掌控、能解决的问题。
- 把过去的问题转化成未来的目标,过去的问题在现状轮上,未来的目标在愿景轮上,下一阶段的目标在计划轮上。
- 将演绎的问题转化成对事实的描述,三轮矩阵上的所有问题都可以用事实、数据说话。

绘制三轮矩阵的步骤

第一步,将选择好的驱动要素放置在矩阵中,现状轮上的数据是现状值,愿景轮上的数据是愿景值,计划轮上的数据是计划值,转化成 10 分制后,愿景轮上的每一个驱动要素的分值是 10 分,即满分。

第二步，如果驱动要素的数据为绝对值，则该驱动要素的现状值和计划值的分值计算方法是：现状值（计划值）×10/愿景值。

第三步，如果驱动要素的数据为相对值，则在计算该驱动要素的现状值和计划值的分值时，要先找到该驱动要素的历史最低值，最低值可为 0 分，然后再求得现状值和计划值的分值。

现状值计算方法是:（现状值－历史最低值）×10/（愿景值－历史最低值）;
计划值计算方法是：（计划值－历史最低值）×10/（愿景值－历史最低值）。

第四步，在三轮中将现状轮和计划轮的各驱动要素分值进行连线，就形成了三轮矩阵图。

第五步，在 Excel 中可以使用雷达图来绘制三轮矩阵。完成了组织的三轮矩阵，也就代表驱动数据库最终完成，在下一阶段中应运用驱动数据库来分析和解决偏差问题，达成绩效目标。

三轮矩阵的目标分解法如表 3.8 所示。

表 3.8 三轮矩阵的目标分解法

阶 段	现 状 值	计 划 值	愿 景 值
战略	当前年度	下一年度	战略年度
年度	当前季度	下一季度	第四季度
季度	当前月度	下一月度	第三月度
月度	当前周	下一周	第四周

三个数值的设计

先设定愿景值。设定三个数值的前提是责任人代表团队已经向领导或公司确定了一级问题的目标值，根据目标值来设定愿景值。通常我们喜欢先从现状值开始，但那样做不可取，因为一方面会失去已确定目标值的引导作用，另一方面从现状值开始容易形成基于历史经验的策略假设，不利于愿景值和计划值的扩展和实现。愿景值的确认可以由部门负责人根据自己所处的环境，通过研究分析来确定具体愿景值的多少，但多个驱动要素的愿景值计算出来的结果必须大于或等于一级问题的目标值。

举例：愿景值的设计如表 3.9 所示。

表 3.9 愿景值的设计

一级问题：销售部门提升销售额，从 850 万元到 1000 万元			
驱动要素	成交客户数	客均项目次	次均项目额
A 愿景值	135 个	3 次	2.5 万元
B 愿景值	168 个	3 次	2 万元

再统计现状值。现状值的统计相对比较容易，因为它是已经发生的事实和数据，只是在统计过程中需要注意以下几点：

- 数值分为两种：累计值和平均值，年度的初始值通常设置为零，除非某些业务是上一年度已经确认并转化为本年度业绩的业务，可以作为本年度的初始值。
- 驱动要素的现状值经过计算后指向的结果为二级问题的现状值。
- 如果现状实际值小于现状目标值，则偏差部分需带到下一阶段。

最后计算计划值。一旦愿景值和现状值确认后，计划值可以通过计算公式来确认，其中重点需要关注的是设计驱动要素的松紧度权重。松紧度权重是表达每个驱动要素在相应的周期内完成的紧急程度的标准，从而在愿景值达成的前提下，能够保证一级问题达成。与松紧度权重不同的是，重要度权重是为了在多个要素中表达哪几个要素更加重要，所以会 100% 分配给不同的要素，多个要素的权重之和等于 100%。紧急度权重是以 1 为标准上下波动，开始的要素大于 1 的为先紧后松的要素，开始的要素小于 1 的为先松后紧的要素，N 个要素的权重之和等于 N。

举例：销售额的年度紧急度的分解如表 3.10 所示。

表 3.10 年度紧急度的分解

驱动要素	业务特点	紧急度权重			
		Q1	Q2	Q3	Q4
成交客户数	客户每个项目的成交周期为两个月左右，"客均项目次"的行业平均值为 3 次	2.0	1.2	0.6	0.2
客均项目次		0.4	0.8	1.2	1.6
次均项目额		0.8	0.9	1.1	1.2

计算计划值的公式：

计划值 =（愿景值 − 现状值）/ 剩下的时间段数 × 紧急度权重 + 现状值

举例：计算"销售额"第二季度驱动要素的计划值如表 3.11 所示。

表 3.11 驱动要素的计划值计算

驱动要素	Q1 现状值	Q2 计划值	Q4 愿景值
成交客户数	70 个	（135–70）/3 × 1.2+70 ≈ 96（个）	135 个
客均项目次	0.3 次	（3–0.3）/3 × 0.8+0.3=1.02（次）	3 次
次均项目额	2.2 万元	（2.5–2.2）/3 × 0.9+2.2=2.29（万元）	2.5 万元

确定关键二级问题。部门和岗位都将在每个周期内对驱动要素的二级问题进行过程监控和识别。寻找关键二级问题的周期通常为月度或周，部门按照"月度"来确定关键二级问题，岗位按照"周"来确定关键二级问题。实际值小于计划值的二级问题即关键二级问题，它将成为该部门或岗位下一阶段重点解决的二级问题。

设计年度目标和预算

年度目标和预算的误区

在每一年的年度目标分解中,通常是企业高层根据战略目标确定年度经营目标,再层层分解。每一层级为了确保完成年度目标,往往会层层加价向下压,在分解过程中往往会面临各层级的阻力和抗拒,但最终都会通过多次的沟通和妥协,大家达成共识,但随着时间的推移,共识的难度会越来越大。下级最后不得不接受上级下压的指标,但心里并不完全认同,他们会认为指标越来越不靠谱,虽然表面接受了指标,但内心会想:我可以接受指标,但我不保证能够完成,因为领导的决策是不对的,我将会用未来一年的时间证明你是不对的。当下级普遍具有这种认知后,目标达不成也理所当然,目标和指标分解的严肃性也面临着巨大的挑战。

不仅目标越来越难以达成共识,目标达成的难度也越来越大。目标通常是从上往下分解的,而预算是从下往上申请的,所以先有"目标"再有"预算"。对于各部门来说,在计划推进过程中先要"投入",才会产生"结果",由此产生了很多让管理者感到尴尬的局面:目标已经确定,预算也已下发,该投入的全部投入了,但期待的结果却遥遥无期。于是,很多部门向领导申请对目标和预算进行调整,通常领导会坚持目标但支持预算增加,但是一个阶段结束后,又会出现"昨日重现"的局面,即钱花掉了,但目标还是没有达成。

突破习惯性思维:计划与策略的衔接

是什么原因导致以上状况在很多企业反复发生呢?是因为将"目标"和"预算"分割思考了,两者之间需要有"问题"、"策略"和"计划"衔接。

假如给一个身高175cm的男生确定一个摸高目标，我们通常给他定什么目标呢？多数答案为2.3～2.8米。因为人在确定目标时很容易进入"现状导向"的思考模式，基本思考过程是这样的：身高175cm的男生加上举手的高度为2.1米左右，再努力跳一跳，跳得低的人能摸到2.3米，跳得高的人能摸到2.8米。人们在这个思考过程中不知不觉地掉进了"自我策略假设"的陷阱，好像摸高只能用"跳一跳"的方法，这是习惯性思维导致的。要想打破这种习惯性思维，比较可行的方法是用高挑战的目标打破这种"习惯思维的舒适区"，比如我们一下子将目标高度定为5米，大家再也不会思考"跳一跳"的策略，因为人无法做到。于是更多的策略假设随之而来，如用梯子、搭人梯、吊车、蹦床、撑杆跳等，从中选择最优的"梯子"后，进行哪几步才能真正达到5米高的目标呢？第一步，借梯子；第二步，请人帮忙；第三步，对请来的人进行分工和培训；第四步，实施摸高；第五步，欢送人员；第六步，还梯子。这六步就是"计划"，六步中哪几步需要花钱呢？很显然是"借梯子"和"请人帮忙"这两步，这就是"预算"。

从目标到预算的基本关系如表3.12所示。

表3.12 从目标到预算的基本关系

目标	问题	策略	计划	预算
摸高5米	提升摸高的高度，从2.8米到5.0米	用梯子的方法	借梯子	100元
			请人帮忙	300元
			对请来的人进行分工和培训	
			实施摸高	
			欢送人员	
			还梯子	

因此，在制定年度目标和预算的过程中，各部门应该是本部门的主导者，不能只依靠人力资源部门或财务部门，他们只能够协助，不能代替其他部门进行年度目标和预算的制定。因为过程中的问题分析、策略设计和关键计划需要本部门进行团队调研、讨论、验证后才能确定。

第4章

三级问题P3:
界定关键活动

> 三级问题的定义：在实现过程驱动指标中的关键活动或动作的偏差。

一个人的才能，只有通过有条理、系统性的工作，才有可能产生效益。

——《卓有成效的管理者》彼得·德鲁克

有一则寓言故事：一群老鼠开会，研究怎样应对猫的袭击。一只被认为聪明的老鼠提出，在猫的脖子上挂一个铃铛。这样，猫行走的时候，铃铛就会响，听到铃声的老鼠不就可以及时跑掉了吗？大家都认为这是一个好主意。可是，由谁给猫挂铃铛呢？这个问题一提出，老鼠们都哑口无言。

组织的业绩最终是"做"出来的。业绩好，说明过程中的动作完整、持续、准确、到位；业绩不够好，说明动作不完整、不持续、不准确、不到位，因此，企业还是应该从动作的角度出发来研究业绩产生的过程。"谁给猫挂铃铛"的故事不仅是一则寓言故事，还告诉我们一个简单的道理：目标制定得再好，如果没有可执行"动作"的支撑，目标就会沦落为"美好的愿望"。

在本章中，我们围绕设计动作的六个步骤、动作的应用等方面展开讨论。

绩效是"做"出来的

一个组织要想基业长青、持续性发展，所有的经营和管理活动都应该围绕业绩的发展来展开。因此，宏大的战略规划需要通过一个个具体的动作来执行落地，并达到预期的目标，正所谓"千里之行，始于足下"。不同职能的部门需要通过具体的动作来贡献其价值，从而实现组织的经营和战略目标。在

GPS-IE® 管理改进系统中,"动作"是部门交付生意价值的最小单位,是二级问题解决过程中不可缺失的控制点。

各部门确定了基于战略的结果性的一级问题之后,再通过驱动公式的分解,找到了基于年度经营目标的二级问题,并且对二级问题的数据进行系统的分解,接下来,管理者关注的是每个月的月度工作中每一个二级问题是否能按时、保质、保量地完成。为了确保每一个二级问题的完成,需要对每一个二级问题进行动作分解,形成三级问题,并且将三级问题分解到每一个责任人的头上,加强过程管控,确保二级问题的完成,从而支撑一级问题的实现。

到了这一步,企业的高层、中层和基层才能打通"从战略到执行"的路径,高层做正确的事,明确了企业的业务战略和价值观;中层正确地做事,关注一级问题和二级问题的识别、分析和解决;基层把事情做正确,关注三级问题的具体动作。企业各层级只有形成上下一致、逐级支撑、共同驱动的绩效系统,才能大幅提升组织的反应速度和作战能力,将三级问题的动作作为绩效评价的关键节点,与企业的激励系统结合起来,这样能够极大地释放内外部员工和合作伙伴的潜能,促进组织业绩的发展。

什么是支撑驱动要素达成的动作呢?如何找到各个生意中不同驱动要素的动作?这些动作、流程、工序存在着哪些不同?接下来我们开始进入动作层面的分析。

动作的定义

动作是对支撑每一个驱动要素的价值实现的结果性活动描述。动作具有以下四个特点。

相互独立。动作需要有明确的责任主体,且需要在不同场景下完成独立的动作。比如"分析客户"和"筛选客户"就不是独立的动作,因为可以表达为"分析并筛选客户"，需要合并为一个动作；再比如"预约客户"和"拜访客户"也不是一个独立的动作，因为"预约客户"包含在"拜访客户"这个动作里面。

客户导向。每个动作都与驱动要素的价值对象（即客户）有关。通常大家更愿意用"我将……""我要……"的格式去表达，这是在表达自己想做什么，却容易忽略动作的对象希望达成什么。因此，每一个动作都应尽量站在客户的角度考虑，形成客户导向。

结果导向。动作需要看到"结果"，而不仅仅是"手段"。很多人在工作中沉迷于自己喜欢做的事情，却不思考事情应该达成的结果，导致做了许多事情，却总是达不到个人和组织期望的结果，最后抱怨"没有功劳还有苦劳，没有苦劳还有疲劳"。其实"苦劳"和"疲劳"都是"徒劳"，只有带来预期的结果化的"功劳"，才是对个人和组织有意义的结果。

数据逻辑。只有连贯的动作才能高效地达成目标，工作中忌讳的是分散且混乱的动作，"东一榔头，西一棒槌"，既劳神又低效。管理中连贯的动作就是指有数据逻辑关系的动作，因此，具有数据逻辑关系的动作被称为"增值动作"，不具有数据逻辑关系的动作被称为"非增值动作"。

动作的价值

动作是提升或增加驱动要素价值过程当中一个里程碑的成果。每个动作成果的实现最终构成驱动要素成果，乃至经营或管理目标的达成，是持续改进中最基础的数据测量单元。

一个人的身体是否健康，可以考察他的各个肢体是否能协调地做出流畅动作。一个组织也是一样的，所谓"大企业病"，就是指那些规模已经比较庞大，但企业开始出现反应迟钝、动作缓慢、协同不力的现象。"低级爬行动物"式的企业就会出现这样的症状，在外部环境比较平和的情况下，企业还能依靠自身的规模和实力取得较好的生活状态，一旦外部环境突然发生变化，企业就难以做出快速、简单且准确的动作来应对环境的变化，因而开始走向萧条和溃败的境地。

企业的反应速度表现在一个个生意的动作上。比如，有些银行提供投资类的业务服务，但是客户的报告提供上来要通过风险控制部门的审批，有时候需要等上两个多月，而竞争对手遇到同样的情况，只需要半个月不到就能给予反馈，竞争对手的快速反应使其获得更多客户的认可与支持。

动作的改进

动作是创造过程价值的基础部分，每个动作的数据提升将直接支撑驱动要素成果的输出。因此，动作改进是管理改进的关键节点，先找到影响绩效结果的关键动作，然后进一步探索关键动作，改进策略，以此来实现结果绩效的达成。

经常保持动作的灵活和机动是企业长期保持活力的关键，当将问题界定到动作的层面时，企业会更加可控、可操作地对动作进行改进。当"增值的动作"得到越来越大的强化，而"非增值的动作"越来越被优化和简化时，组织的效率就会得到大幅度提升。

动作的分类

根据动作中实现价值路径和对象的不同，动作可以分为"管理类动作"和"业务类动作"两种。业务类动作是指直接和动作对象发生价值关系，即能够带来结果的动作；管理类动作是指仅仅和动作对象互动还带不来结果，而要通过动作对象影响第三方才能够带来结果的动作。

管理类动作的分解通常从评估开始，再到评估结束，遵循"评估—意愿—执行—评估"的分解逻辑。比如，对"提升合格的员工数"这个二级问题的分解，可以分解为评估不合格的员工数、推动愿意改进的员工数、推进改进执行的员工数、评估合格的员工数。

业务动作的分解遵循业务实现的过程工序,通常具有"时间先后"的逻辑关系。比如,对"提高潜在客户数"这个二级问题的分解,可以分解为获得客户的信息数、分析符合标准的客户数、有效接触的客户数、获得认可的客户数、有效登记的客户数。

建立三级问题的步骤

三级问题是指提升或增加驱动要素结果的活动或动作的偏差。在三轮矩阵上设定了愿景值、现状值和计划值之后,找到各个驱动要素的现状值和计划值之间的偏差,即二级问题;分析能够提升或增加二级问题的偏差的动作,在测量数据之后进行对比,找出每个动作的偏差,即三级问题;最后,找到偏差最大的三级问题作为二级问题改进中的关键动作。

从找出二级问题至确定关键动作的三级问题一共有六步(见表4.1和图4.1)。

表4.1 建立三级问题的步骤

步　　骤	内　　容	说　　明
步骤一	描述二级问题	实际值小于计划值的二级问题
步骤二	寻找关键词	关键动词和关键名词
步骤三	名词分类	通过客户、产品、时间、空间四个维度分析
步骤四	动作分解	找到结果导向、数据逻辑关系的动作
步骤五	验证历史数据	测量历史数据
步骤六	确定关键三级问题	找到转化率低或增值空间大的动作

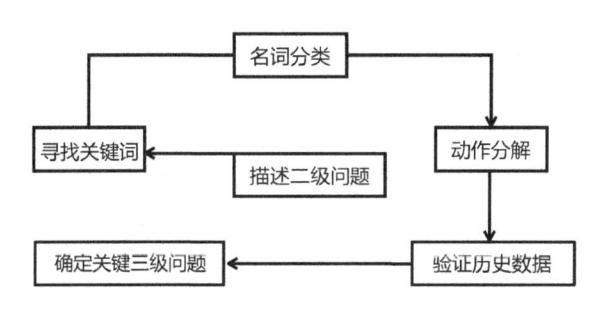

图 4.1 建立三级问题的步骤

步骤一：描述二级问题

二级问题的结构是"主语＋谓语＋宾语＋补语"。

主语就是责任主体的部门或岗位，比如销售部门、生产部门、设计部门、人力资源部门、培训部门。谓语就是提升效率或效益的动词，比如增加、提升、提高等。宾语就是驱动要素，比如潜在客户数、老客户转介新客户数、厅前人流量、合格员工数、成交转化率、渠道平均收入等。补语就是数量词，比如从 2018 年 1 月的 100 家提升到 2018 年 12 月的 300 家（潜在客户数）、从 2018 年 8 月的 20% 提升到 2018 年 12 月的 40%（成交转化率）、从 2018 年 1 月的 10 人提升到 2018 年 12 月的 15 人（合格员工数）。举一个简单的例子，在"销售部门将提升会议潜在客户的数量，从 2018 年 1 月的 200 家提升至 2018 年 12 月的 300 家"这个二级问题中，主语是"销售部门"，谓语是"提升"，宾语是"会议潜在客户的数量"，补语是"从 2018 年 1 月的 200 家提升至 2018 年 12 月的 300 家"。

步骤二：寻找关键词

寻找关键词就是找到二级问题当中的谓语（动词）和宾语（名词）。根据步骤一中的例子，寻找到的关键词如下：

谓语（动词）：提升；宾语（名词）：会议潜在客户数。

步骤三：名词分类

名词分类就是通过二维分析法对问题的名词进行分析，横坐标是客户、产品、时间和空间四个维度，纵坐标是二级问题的名词。通过名词分析，可以清楚地看到驱动要素的瓶颈和短板在何处，能够通过研讨找出更加精准的需要改进的问题点。

"客户"维度的分类

客户是销售部门"产品"销售或服务的对象，通常按照对象类型、规模、体制、新老等角度分类。比如酒店的"会议潜在客户"可以分为政府、事业、企业及家庭等类型的客户（见图 4.2）。

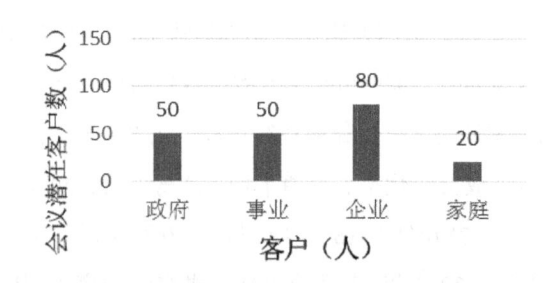

图 4.2　酒店的"会议潜在客户"分类

客户的分类方式还有以下几种。

按年龄：分别出生于 20 世纪 40 年代至 90 年代、21 世纪前十年的客户，或学龄前儿童、学龄儿童、青少年、20～40 岁的年轻人、40～60 岁的中年人、65 岁及以上的老年人等。

按学历：高中以下、高中（中专）、大专、本科、硕士、博士等。

按工作：自由工作者、白领、个体经营者、企业经营者、公务员等。

按区域：本地客户、外地客户，国内客户、国外客户；亚洲客户、非洲客户、欧洲客户、美洲客户、大洋洲客户等。

从组织内部来看，还有内部客户，比如人力资源部门的客户包括公司领导层、业务和职能部门的负责人及公司员工等；市场部门的客户包括销售部门、各经营区域、代理商等。

"产品"维度的分类

企业遵循"一切均生意"的原则,关于生意有两个方面的解释:一是每个部门都有自己独立创造的产品和价值;二是"生命的意义",每个人在组织中有自己的使命,不断地践行并完成这个使命,为组织、部门、家庭、个人和社会创造价值。因此,每个部门都有自己职能性的产品,销售部门的产品是"销售方案",培训部门的产品是"合格的员工",质量管理部门的产品是"隐患和事故清单",融资部门的产品是"低利率的资金"等。在名词分类中,各部门可以根据不同的产品维度进行分析。

酒店会议室的大小可根据容纳会议人数进行分类,比如 30 人会议室、80 人会议室、150 人会议室、200 人会议室等(见图 4.3)。

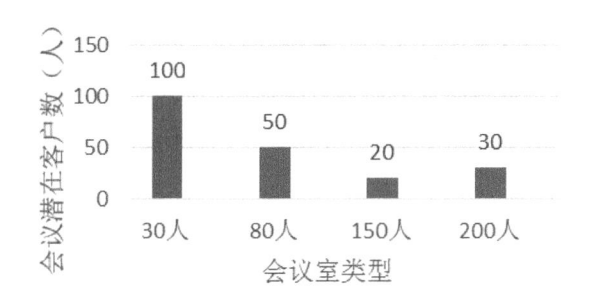

图 4.3 酒店会议室容纳会议人数分类

通信运营商的产品有移动通信、宽带、固话等;重型设备企业有液压挖掘机、推土机、装载机、盾构机等。

"时间"维度的分类

每个二级问题的名词有其时间维度的分类,时间可以从统计周期、消费时间、客户消费特征等维度分类。

按年度:一月、二月、三月至十二月,或一季度、二季度、三季度、四季度(见图 4.4),或上半年、下半年等。

按消费时间：消费周期为1个月、3个月、6个月、1年、2年、3年等。

客户消费特征：周末、工作日，上半个月、下半个月，春季、夏季、秋季、冬季等。

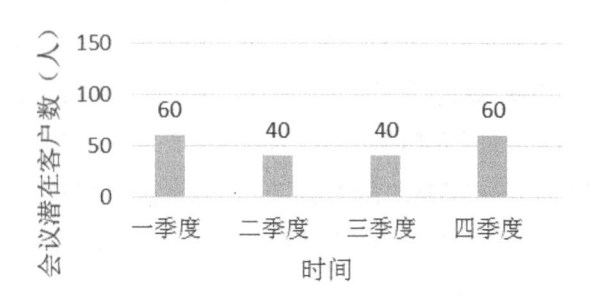

图 4.4　酒店会议潜在客户数按时间维度分类

"空间"维度的分类

每个二级问题的名词有其空间维度的分类，空间可以从地理位置的角度进行分类（见图4.5）。比如华中、华东、华南、华北等，各个省份或直辖市等，广州、上海各个区等，本地客户、外地客户，国内客户、国外客户，公司总部员工、外派员工等。

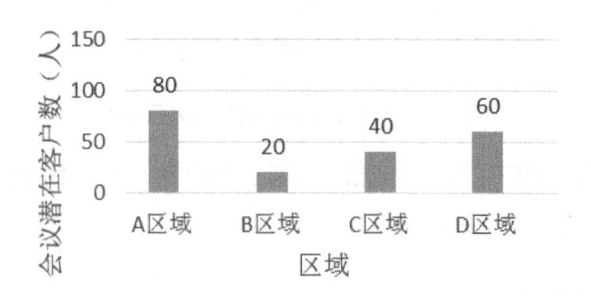

图 4.5　酒店会议潜在客户数按空间维度分类

总之，名词分类从客户、产品、时间和空间四个维度展开，是根据实际情况进行分类的，并且各项分类的数据包括现状值和目标值（计划值）的数据。通过以上分类，可以帮助企业对每个驱动要素进行详细的研讨，更有利于后面的行动和改进。

网格化分类

通过以上四个维度的分类,可以将二级问题的名词进行网格化分类管理,从而更加有效地、精准地理解名词(见表4.2)。

表4.2 网格化分类

		T1			T2			T3			T4		
		P1	P2	P3	P1	P2	P3	P1	P2	P3	P1	P2	P3
A1	C1												
	C2												
	C3												
A2	C1												
	C2												
	C3												
A3	C1												
	C2												
	C3												
A4	C1												
	C2												
	C3												

通过客户(C)、产品(P)、时间(T)和区域(A)四个要素在一张表上交叉呈现,能够对二级问题的名词进行系统的分析,从而能够更加精准地聚集问题。

步骤四:动作分解

动作分解是通过如何提升或增加驱动要素的动作研讨出来的。比如,提升会议潜在客户数的动作包括收集信息、符合标准、有效接触、获得认可和有效登记。在从二级问题转化为三级问题的过程中，动作分解既是重点，也是难点，需要通过四个步骤来进行。

第一步：确定动作双方

李小龙的截拳道

李小龙是华人的杰出代表，他将武术提升到武学的高度，在特定的历史环境下大大提升了中国人在世界上的形象和地位。他发明了"截拳道"，"截"代表防守，"拳"代表进攻。截拳道的特点是"唯快不破"，"快"这个特点的背后原理是"直线距离最短"，因此截拳道的主要动作都是直线。当李小龙一个人面对八位高手进行对决的时候，他是一次性把对方放倒，还是依次把对方放倒？答案当然是依次。如果用摄像机把李小龙和八位高手对决的过程记录下来，然后放慢镜头就会发现，在每一秒当中，李小龙始终保持面对的是一个人。他要对八位高手进行瞬间排序，首先要对付谁，然后再对付谁。不管现场多么混乱，在李小龙看来，他每次面对的是一个人，因此他始终保持最佳优势。

管理也是一样的，看起来很复杂，需要面对领导、员工、客户、供应商、合作伙伴等，但在任何一个场景中，你面对的其实是一个人，要解决的也是一个问题。所以解决每一个驱动性的二级问题，本质上是两个人之间的对话。

基于动作双方的不同，我们将动作分为两类：管理动作和业务动作。管理动作是指在问题的解决过程中，在互动人愿意解决问题的前提下，还需要关联人的动作才能实现问题的解决。管理动作的表达方式是"A—B—C"。业务动作是指互动人自己就能够确定问题的解决，不需要通过关联人的动作实现。业务动作的表达方式是"A—B"，其中A是问题的责任人，B是问题的互动人，C是问题解决的关联人。

比如，一家制药企业重点经营处方类药物，那么医院的医生是他们销售的主渠道，他们要解决的一个二级问题是提升更多使用他们药品的患者数，该问题的表达方式有如下两种：

a. 提升医生的患者数。

b. 提升患者数达标的医生数。

正确的表达方式应该是 b，因为医药代表的动作对象是医生，医生的动作对象是患者，所以这是一个典型的"A—B—C"的管理类动作。

又如，人力资源部门的招聘专员小王需要围绕公司的年度经营目标为业务部门招聘合格员工100人，他需要解决的关键问题是招聘渠道数、渠道平均简历数、合格的甄选官人数、人均面试数等（见表4.3）。

表 4.3　人力资源部门招聘专员的动作分解

驱动要素	动作类型	动作双方
招聘渠道数	业务动作	小王—渠道负责人
渠道平均简历数	管理动作	小王—渠道专员—应聘人
合格的甄选官人数	业务动作	小王—潜在甄选官
人均面试数	管理动作	小王—甄选官—应聘人

该案例中，如果小王只重视与渠道负责人之间的动作对话，虽然能够建立满足公司招聘工作需要的渠道数，但不一定能够获得满足公司招聘工作需要的简历数，因为简历数这个问题的动作对象不是渠道负责人，而是渠道专员（渠道负责人的下级）。这就是常说的"县官不如现管"的道理。

所以，解决不同问题面对的将是不同的对象。如果能够把握好这个原则，就能够区分不同问题的不同对象，从而保证在每一个时间点上精准地面对一个问题或一个对象，这样才能忙而不乱、忙而有序、各个击破。

第二步：界定量化点

没有统一的计量单位，就没有逻辑关系。与流程分解相比较，动作分解的重要特点是结果导向和数据逻辑关系。建立数据逻辑关系就要从统一动作的计量单位"即量化点"开始。

二级问题通常分为两类：第一类是绝对值的二级问题，如合格的员工数、合格的客户数、次均额、客户合作数等；第二类是相对值的二级问题，如成交转化率、培训合格率、合作率等。

绝对值二级问题的驱动要素的表达方式为"名词＋量词"，如"员工数"是"员工＋数"，"需求次"是"需求＋次"，"消费额"是"消费＋额"；量化点为名词，即员工数、需求次、消费额三个驱动要素的量化点分别为员工、需求、消费。

相对值通常由分子和分母构成。比如，成交转化率＝成交客户数/需求客户数，培训合格率＝培训合格的员工数/参加培训的员工数，合作率＝确定合作的客户数/潜在合作的客户数。动作分解关注的是分母，分母同样被转化成了绝对值，可以参考绝对值二级问题的量化原则。

第三步：选择分解工具

动作分解的工具有漏斗模型和鱼骨图两种，绝对值的二级问题采用漏斗模型，相对值的二级问题采用鱼骨图。

漏斗模型

漏斗模型早期多用于销售，也被称为"销售漏斗"，后来成为用于管理过程的工具。例如，漏斗的顶部是有购买需求的潜在用户，漏斗的中部是有购买本企业产品意向的潜在用户，漏斗的下部是基本上确定购买本企业产品的用户，漏斗的底部就是成交的用户。以上四个方面在转化过程中分别有相应的比例，从而形成了层层转化的漏斗形状，漏斗模型可以用来判断哪个环节是关键的环节。

在分解绝对值的二级问题过程中，起始动作从漏斗的顶部输入，一直到终点动作从漏斗的底部输出，中间还会经历多个动作。分解的过程通常根据二级问题实现的基本工序和流程，结合漏斗原理进行动作分解。

潜在客户数从 200 个到 300 个

"潜在客户数"的分解是围绕"潜在客户"获取的过程展开的，起始动作为"收集信息"，终点动作为"有效登记"。按照时间逻辑，大家通常认为中间还会有三个动作：分析资料、拜访客户、制定方案，但是这三个动作表现的均是手段，而不是目的，经过修正，三个动作修改为符合标准、有效接触、获得认可。管理者在解决"潜在客户数"这一问题过程中，需要调整对员工的管控点。漏斗模型如图 4.6 所示。

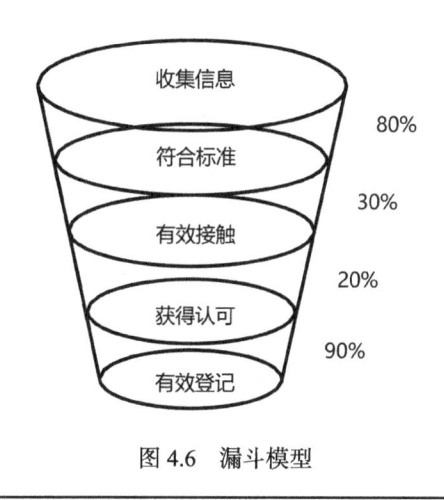

图 4.6 漏斗模型

鱼骨图

鱼骨图原是一种分析问题的根本原因的方法，因看上去像鱼骨而得名。在动作分解中，针对相对性问题，我们也可以用鱼骨图的方式来进行。

成交转化率从 30% 到 40%

在销售过程中，成交转化率通常是一个重要的指标。假设"成交转化率"为 30%，即 100 个潜在客户中将会成交 30 个客户，还有 70 个没有成交，接下来我们需要更加关心没有成交的 70 个客户

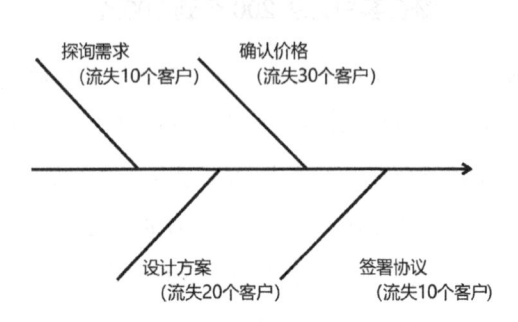

是在哪些环节流失的，这个分析过程可以用鱼骨图呈现（见图4.7）。

```
        探询需求           确认价格
      (流失10个客户)     (流失30个客户)
           \                \
            \                \
             _____>
             /                /
            /                /
        设计方案           签署协议
      (流失20个客户)     (流失10个客户)
```

图4.7　鱼骨图

第四步：确定里程碑

奥运会中的跳水项目是中国的优势项目，从跳水的动作来看，跳水的起点动作是起跳，终点动作是入水，中间有一连串的动作。裁判员根据两个维度进行评分，一是过程动作的难度系数，二是过程动作的完成质量。

在进行动作分解时，组织经常犯的错误是将动作变成主观上需要完成的任务或流程，比如第三步中提及的"潜在客户数"被分解演化成"我们要分析资料""我们要拜访客户""我们要制定方案"，于是转化成员工的个人任务目标就成了"我将分析多少份资料""我将拜访多少个客户""我将制作多少份方案"，当这些任务全部完成之后，员工能够带来的结果是什么呢？最后发现，员工该做的事情全部做了，组织却还是没有达到期望的目标，这是因为组织忽略了动作中"手段"与"目的"之间的关系。

从目的符合结果导向这一原则能够看到需要的产出，从管控的角度来看，目的是相对稳定的，而手段是达成目的的过程支持，为了达成目的，手段可以根据环境和对象的变化而变化。

比如，某通信运营商的一个重要市场是学校，每年都要在学校市场上与竞争对手展开激烈的竞争，需要解决的二级问题是"提升校园客户数从××到××"，他们通常采用在学校摆摊的方式来开发学生客户，这样的二级问题应该如何进行动作分解呢？如表 4.4 所示。

表 4.4 "提升校园客户数"动作分解

手 段	目 的	管 控 点
制订计划	到学校宣传活动	活动知晓的学生数
安排预算	现场组织学生到场	有效到场的学生数
组织人员	推动学生发生接触	有效接触的学生数
现场活动	成交转化	成交转化的学生数
总结评估	成功转介绍	转介绍的学生数

在实际工作中，许多团队是按照"手段"的五个动作开展学校推广活动的，看似挺正常，但是每次活动都无法对结果进行预测，难以对过程进行把控。运气好时能取得不错的成绩，但是说不清楚为什么取得这么好的成绩。运气不好时成绩很糟糕，也同样说不清楚为什么这么糟糕，于是开始抱怨天气、抱怨学校不配合、抱怨竞争对手等，这对业绩的提升和改进是没有任何意义的。

如果按照"目的"的五个动作来进行分解，就能每天对动作的过程进行测量和统计，当天晚上负责人可以进行分析，如果当天的"到场率"不高，第二天就可以围绕"到场率"这个动作改进策略。例如，一家公司在本年度组织了 20 个团队分别开展了 10 次校园推广活动，一个推广季下来就能收集 200 份动作数据表格，这份资料对于第二年举办同样的活动产生了非常重要的意义。因为第二年参与活动的人员可能会发生变化，但他们可以通过该数据提前了解各个学校的特点，从而在公司统一推广政策的基础上，制定个性化的方案。

步骤五：验证历史数据

确定了二级问题的动作之后，就要对动作进行历史数据的验证，目的是找到关键动作。因为动作之间具有数据逻辑关系，所以可以测量出动作的数据转化率，从而找到转化率较低的动作，再重新设定目标，通过达成新的动作目标，来促进二级问题的解决。

销售部门"提升潜在客户数"验证历史数据如表 4.5 所示。

表 4.5 销售部门"提升潜在客户数"验证历史数据

动 作	收集信息	符合标准	有效接触	获得认可	有效登记	结 果
历史数据	100 个	80%	30%	20%	95%	4.5 个
重设目标	200 个	80%	40%	30%	95%	18.2 个

步骤六：确定关键三级问题

通过对各个动作的数据测量，得出现状值与目标值（计划值）的偏差，即得出三级问题，找出偏差最大的一个或多个动作，该动作就成为需要改进的关键动作。

提升会议潜在客户数的动作数据偏差最大的是获取承诺（历史数据为 30%），那么获取承诺便成为关键动作（也称作"关键三级问题"）。根据重设后的目标，可以描述的三级问题如下：

- 销售部门将增加收集有效的信息数量，从 100 个到 200 个。
- 销售部门将提升有效接触转化率，从 30% 到 40%。
- 销售部门将提升客户对方案的认可转化率，从 20% 到 30%。

如果这三个关键三级问题得以解决，将会带来什么样的结果呢？按照历史数据，输入 100 个信息，经过五个动作的转化，最终形成有效登记的潜在客户数为 4.5 个；而按照重设目标后的三级问题解决后，获得的有效登记的潜在客户数将成为 18.2 个，整整提升了四倍。这只解决了"销售额"的六个二级问题之一（见表 4.5）。其他五个二级问题也可以按照这个过程进行分析、解决，同样也能够获得较大幅度的增长，由于驱动要素之间是乘法的逻辑关系，所以结果将形成几何级的增长。

基于经验的排序

在实际工作中，到了动作层面往往面临较大的难点是数据的采集，因为对于多数企业来说，组织成熟度远远达不到支撑三级问题数据采集的程度，组织也没有必要将所有的一级问题全部分解成二级问题，然后将所有的二级问题全部分解成三级问题，并且对所有的三级问题进行历史数据的测量和验证，那将会是一个非常庞大的工程。因此，我们建议可以将三级问题的数据采集作为解决某些二级问题的过程，对于少量的三级问题进行短期的测量和验证，还是比较可行的。如果短期测量来不及，同时团队又希望尽快获取关键三级问题的答案，可以采用基于经验的排序法来确定关键三级问题，具体来讲可以按照以下步骤进行。

第一步，描述二级问题，如"销售部门将提升潜在客户数从 150 个到 200 个"。

第二步，确定三级问题的动作。

第三步，对该问题的解决选择 8~10 位有资深经验的员工。

第四步，请有资深经验的员工对几个动作按照重要程度进行排序（见表 4.6）。

第五步，将排序的结果汇总，总分前两位的动作即关键动作。

第六步，在解决三级问题过程中再验证采集数据的真实性。

表 4.6 经验排序表

员工驱动要素	A	B	C	D	E	F	G	汇总
收集信息	2	1	2	3	2	2	1	13
符合标准	3	3	5	2	5	3	4	25
有效接触	4	5	4	5	4	5	5	32
获得认可	5	4	3	4	3	4	3	26
有效登记	1	2	1	1	1	1	2	9

关键动作的数据分解

根据动作分解的数据，可以形成部门级的动作指标、部门级的动作目标和岗位级的动作目标，进而为推动下一阶段的策略与计划搭建数据基础。

部门级的动作指标

部门级的管理者既要对二级问题的数据负责，也要对三级问题的转化数据负责，从而才能既知道"做正确的事"，又保证"正确地做事"。通过三级问题的数据转化和目标重设，确定部门级的动作指标。

围绕"潜在客户数"的二级问题，部门级的动作指标如表4.7所示。

表4.7 部门级的动作指标

部门级动作指标	收集信息	符合标准	有效接触	获得认可	有效登记
	200个	80%	40%	30%	95%

部门级的动作目标

根据部门级的动作指标，再结合阶段性的二级问题的现状值和目标值的偏差，可以计算出部门级的动作目标。

销售部门将提升潜在客户数从150个到200个，其中偏差为50个，所以部门级的动作目标如表4.8所示。

表4.8 部门级的动作目标

部门级动作目标	收集信息	符合标准	有效接触	获得认可	有效登记
	554个	442个	177个	53个	50个

岗位级的动作目标

根据部门级的动作目标,再结合员工人数和资源现状,将部门级的动作目标分解给各个员工,成为他们下一阶段工作的动作目标(见表 4.9)。

表 4.9 岗位级的动作目标

单位:个

岗位级动作目标	收集信息	符合标准	有效接触	获得认可	有效登记
	554	442	177	53	50
A 员工	230	184	74	23	22
B 员工	139	111	45	13	12
C 员工	110	85	34	11	10
D 员工	90	72	29	9	7

注:实际工作中,为了保证目标的完成,管理者在分解目标时,要求每个员工的目标数加总后超过管理者设定的目标数。

关键动作责任人

基于"一切均生意"的核心原则,生意最重要的是能够说清楚责任边界。只有说清楚责任边界,才能够"先小人,后君子",否则在生意过程中,事先说不清楚责任,等事后再来商定规矩,常常把简单的问题复杂化。

销售经理要管理的生意是为组织培养更多合格的业务人员,从而支撑企业销售团队未来的业绩。培养新人的过程充满艰辛,很多新员工一没有资源,二没有能力,于是有些销售经理为了培养新人,会将自己的老客户分配给新员工负责。但是,新员工无法全程服务客户,经常麻烦经理协同拜访、推进,一旦与客户成交或者续约,就会产生该业务的业绩提成,那么员工应该获取多少比例的提成呢?从新员工的角度来说,经理将这位客户交给了新员工,所有提成自然应该归新员工所有;从经理的角度来说,他会认为客户虽然交给了新员工,但业务主要还是自己拿下的，如果提成全部给了新员工，又会担心其他员工觉得不公平，很多管理者都曾碰到过这样的情况。通过关键动作的分解和评估，可以有效地解决这样的问题。前文中说过，在奥运会跳水比赛中裁判员会根据运动员跳水时动作的难度系数和完成质量打分，同样在解决二级问题过程中，我们也可以根据二级问题中动作的难度系数和完成质量来进行评价。例如，成交一位客户可以获得10000元的提成，其中潜在客户占1000元，动作分解的评估和绩效如表4.10所示。

表4.10 动作分解的评估和绩效

动 作	收集信息	符合标准	有效接触	获得认可	有效登记
权 重	10%	10%	30%	40%	10%
绩 效	1000元	1000元	3000元	4000元	1000元

经理将客户给了新员工，而新员工只是独立完成了"收集信息""符合标准""有效登记"三个动作。在这次业务中，新员工只能获得3000元的业绩提成，剩余的7000元由经理负责处理，如可以纳入团队的奖金池。同时，经理应告知新员工尽快将剩下的两个动作熟练掌握，以便未来能够独立处理业务，并获得相应的业务收入。这样处理既保持了公平，也能够促进新员工的成长，避免新员工养成长期依赖的坏习惯。

动作是"有目的的流程"

员工A和员工B同时加入了某家服装企业并从事门店的销售工作，培训部门对她们开展了同样的流程培训，围绕门店销售的基本流程和SOP（标准操作程序）进行深度培训和严格考核后上岗。经过两个月左右的实践，经过同样培训的两个员工的业绩却有天壤之别，员工A每天只能获得5000元左右的回款，而在同一个门店的员工B却能够获得超过10000的回款。是什么造成了这两个员工巨大的业绩差距呢？

过去的流程和标准是这两个员工能够满足成为"服装营业员"岗位的最低要求，要想使她们成为业务高手，需要从"动作分解"中找到突破点。对于服装营业员来说，她们面对到店顾客的基本流程是：打招呼—探询需求—推荐产品—促进体验—成交买单。对员工 A 而言，她会按照流程的要求完成每天的任务，看起来没有太大的问题，但是业绩结果总是不太理想。

员工 B 在完成同样的流程中，和员工 A 的区别是有更明确的目的性，这个目的体现在针对不同驱动要素的动作分解上。

表 4.11 不同驱动要素的动作分解

驱动要素	动作 1	动作 2	动作 3	动作 4
一次成交率	明确需求	推荐认可	试穿体验	买单成交
次均额	关联需求	连带推荐	方案认可	追单成交
潜在客户数	收集信息	有效接触	获得认可	建立档案

员工 B 在完成一次顾客的接待流程中，她可能带着三个目的：完成本单成交、努力成交大单、获得会员推荐。因此，员工 B 在接待顾客过程中会分析如下目的：

1. 如何明确该顾客的直接需求？
2. 如何让该顾客认可推荐？
3. 如何让顾客进行试穿？
4. 如何推动顾客成交并付款？
5. 如何获取顾客的其他需求？
6. 如何进行连带的商品推荐？
7. 如何让顾客认可追加的建议？
8. 如何推动二次以上的成单？
9. 如何建立信任关系并获得推荐？
10. 如何拿到被推荐人的准确信息？
11. 如何与被推荐人接触？
12. 如何增加新的会员档案？

经过分析之后，员工 B 将会快速组织好相应的沟通行为和话术，并和顾客展开连贯且有目的的交流。经过长期的训练，员工 B 具有了快速分析顾客、组织语言、形成方案的能力，并提升了每次业务的成交概率、大单概率，增加了获得新客户的机会，因此，员工 B 慢慢成为高价值的员工。

第 5 章

解决方案S：
设计解决方案

组织策略分为"潮水式"策略和"浪花式"策略。当管理者意识到问题存在时，通常会采用相应的策略来应对，在投入了相应的资源、精力和时间之后，也能获得一定的反应，但是这样的反应具有"短期的""个体的""表象推动的"特点，这样的策略被称为"浪花式"策略；反之，如果采用的策略对于组织而言具有"长期的""整体的""根本推动的"特点，这样的策略被称为"潮水式"策略。

潮水的形成需要以下几个前提：

- 空间开阔，数百公里的孕育，形成最后几公里的磅礴气势。
- 方向一致，多股浪潮往一个方向汇聚，后浪推前浪，形成整体合力。
- 入海口外宽内狭，潮水涌积起来，潮头越积越高。
- 大量泥沙的沉淀，形成"沙坎"，为潮水的造势进行铺垫。
- 借助潮汐的力量，每年中秋节前后，是一年中地球离月球最近的时候，通常秋潮比较壮观。

因此，对于组织的发展策略而言，"潮水式"策略具备以下几点：

- 根据战略需要进行整体策略规划，越具备"战略定力"，策略越能够发挥作用。
- 各部门的策略需要在战略的指引下形成合力，不能各自为战，内部自相消耗。
- 策略储备需要有"宽度"，以吸引更多的利益相关者成为自己的合作伙伴，但策略执行需要"聚焦"，在关键点上打歼灭战。
- 关于策略的推动，不要害怕失败，所有的尝试都会成为未来成长的阶梯。
- 需要选择最有效的时机，能够借助外部的力量强化策略的力度，比如新政策、新技术、新需求等。

1+N的偏差

当公司确定了"潮水式"策略之后，各个部门就要围绕"潮水式"策略展开各自的策略分析，在对策略进行分析之前，需要理解从一级问题到二级问题的偏差的分析。我们将一级问题定义为"1"，所带来的多个二级问题定义为"N"，由此形成了"1+N"的偏差的分析。

通常情况下，部门在找到关键的二级问题或三级问题后，才会进入部门级的方案设计。为什么不是在战略目标或一级问题确定后开始设计部门级的解决方案呢？因为只有找到部门级的精准问题，部门制定的方案才更加易于实施。

某销售部门年初制定的目标是当年完成1200万元的销售额，按计划6月30日应该做到600万元（B线），但实际才做到400万元（C线），因此这里产生了一个200万元的偏差，这个偏差不是6月30日产生的，而是从1月1日起就开始产生了（见图5.1）。

所有管理者都希望最终的结果沿A线走。但如果不进行有效的干预，这种趋势还会发生。

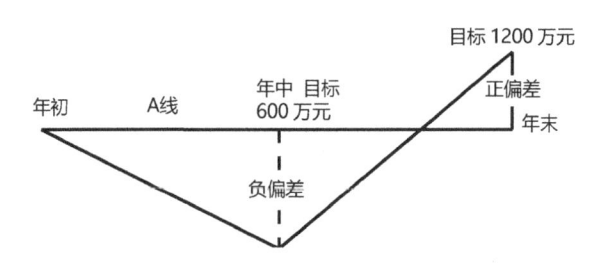

图5.1 某销售部门销售额偏差

在出现200万元的偏差时开始分析原因，并制定策略，就会出现"眉毛胡子一把抓"的现象，因为这200万元的偏差结果是"多因单果"的过程；围绕结果的偏差是很难找到有效策略的，因为这里面包括多个驱动要素和多个原因。

同样是 100 万元的销售额偏差，可将结果分解为多个驱动要素，比如进店客户数、成交转化率、人均消费额等（见表 5.1）。

表 5.1　某销售部门过程分解表

二级问题	年中目标值	年中实际值	年末目标值
进店客户数	10000 人	9500 人	22000 人
成交转化率	50%	48%	50%
人均消费额	1000 元	878 元	1100 元

原因分析

一旦确定了问题，管理者通常采用什么方式来寻找最佳策略呢？一般会有以下四种方式。

找领导要答案。遇到问题喜欢找领导给建议是很多管理者常用的做法，领导也很享受给予答案的过程。由于领导不完全了解问题的状况，所以领导给予的答案也不一定具有可行性。时间长了，领导也知道不能够轻易给予答案，而是希望下属提供多个经过研究的答案供领导选择。

学习标杆团队。找系统内或系统外的标杆团队进行学习，是管理者希望找到解决方案的另一种方法。但是方法之所以成功主要取决于方法的前提，如果实施前提不具备，其他团队有效的方法不一定能够复制。当下很多的参观、交流和相互学习变成了一次次走秀与拍照，只有自己掌握了解决问题的逻辑，才能有效地学习他人的经验。

寻求专家支持。企业外部有大量的专家可以寻求支持，专家是指在某一个领域深入研究并能够给他人专业建议的人。某些专业问题的确需要相应的专家参与解决，但如果项目经理或项目顾问能够作为项目的代表，和相关专家产生对接和联系，就能够提升某些问题的解决效率。

开展头脑风暴。开研讨会解决问题是现在比较通用且流行的做法，围绕确认过的关键问题，邀请多位对问题比较了解的同事组成"研讨小组"，大家群策群力，在会议上围绕议题展开研讨，从而获得企业需要解决的问题中的"一级问题"。

这四种方式的共同特点是基于经验，当前被更多团队接受并使用的方式是"开展头脑风暴"。在进行原因分析、探讨策略、制订行动计划时，应遵守以下研讨规则：

一发言：每人都要发言，但每次只能一人发言。

两追求：追求数量、追求创意。

三不许：不许置疑、不许批评、不许打断。

四学习：视不同的意见为学习机会。

描述关键问题

承接前面提出的关键二级问题或关键三级问题，用"主语＋谓语＋宾语＋补语"的形式进行描述。

比如，关键二级问题描述：质量管理部门将公司质量损失从 2015 年的 9 万元／台降低至 2016 年的 7 万元／台。对其中的一个关键三级问题描述：质量管理部门将提升检验清除率，从目前的 60% 提升至 2016 年的 70%。再比如，关键二级问题描述：某营业厅将进店人数从 2015 年的 10000 人提升到 2016 年的 12000 人。对其中的一个关键三级问题描述：某营业厅将异业联盟的合作客户数从 2015 年的 10 家提升至 2016 年的 15 家。

用 3W 模型分析内部原因

3W 模型包括 Workplace、Work 和 Worker 三个方面。Workplace 是整个公司的工作场所，包括公司的产品、公司的文化、公司的政策、公司的制度、公司的领导力和风格等。Work 是工作本身,包括工作流程、工作标准、辅助工具等。Worker 是工作者、员工,包括人员的态度、意愿、能力、动机。

用 3C 模型分析外部原因

3C 模型包括 Circumstance、Competitor、Customer 三个方面。Circumstance 是外部环境,包括政治环境、政策环境、经济环境、技术环境、文化环境等。Competitor 是竞争者,包括竞争者的产品、政策、人员、品牌等。Customer 是客户,包括客户的需求、购买力、决策程序等。

调研的重要性

通过问题的描述,能够聚焦问题解决对象或内容的边界,针对符合边界范围的客户或内容进行抽样调查,将调研的结果用 3W 模型或 3C 模型进行分类归纳。用数据验证原因,没有被数据验证的说法被称为"假设",只有被数据验证过的说法才是真正的"原因",因此需要用"问题是由于……引起的,通过……被证明造成了……影响"的格式来描述问题的原因。

比如"狗皮膏药式"的原因,假如我们对与"潜在客户数"相关的问题进行原因分析,很多人会给出这样的原因:产品质量差,品牌影响力弱,位置太偏僻,员工能力跟不上,产品更新慢。当我们再对与"成交转化率"相关的问题进行原因分析时,发现上面所说的原因居然也能说得通,为什么我们的成交转化率上不去,因为"产品质量差",因为"品牌影响力弱",因为"位置太偏僻",因为"员工能力跟不上",因为"产品跟新慢",说明这些原因是"狗皮膏药式"的原因,贴到哪个问题的后面都能讲得通,没有针对性。

澄清与转化原因

将演绎的描述转化成事实的描述,一般用"你是看到什么或听到什么才得出这样的结论的"来转化。澄清事实有三个步骤：收集事实——你看到了什么才得出这样的结论；验证事实——你是怎么知道的；确认事实——你确定吗？

比如，某通信营业厅围绕"产品的转化率如何提升"这一问题，需要大家畅所欲言，有人提出"我们公司产品的资费太高"，这是一个典型的"演绎式的表达"，要转化为"事实式的表达"需要进行如下过程：

问：你们是看到了什么才得出这样的结论的？

答：我们经常遇到有些客户因为我们公司的产品价格高而拒绝买单。

接下来进行"关键词"的澄清：

- 我们是指谁？是柜台的员工、体验区的员工，还是接待区的员工？
- 经常是什么概念？是每天、每周，还是每月？
- 在什么环节遇到？是接待、探询需求、设计方案，还是报价？
- 有些是指有多少？
- 客户是指什么客户？是学生、家庭主妇、农民工，还是白领？
- 产品具体是指多少？是手机、宽带，还是融合？
- 价格高是指什么价格？比谁高？高多少？

以上采用的是"关键词"澄清法，逐个词进行澄清，如果当场说不清楚，就需要安排专门的时间进行调研，明确答案后再进一步推进。经过三天的调研，给予的答复是：营业厅体验区的员工每周总是会遇到十几批农民工客户在购买智能手机时反映最低套餐比竞争对手的贵10元。到了这一步，该问题从演绎转化为事实的步骤基本完成。

将别人的原因转化成自己的原因需要转化提问的方式，首先将责任主体转化为第一人称。比如，某通信营业厅在讨论的过程中有一个原因是"产品资费太高"，这是别人的原因和演绎的描述，如何转化为自己的原因呢？正确的描述是：我们营业厅体验区的员工无法应对每周遇到的十几批农民工客户在购买智能手机时反映最低套餐比竞争对手的贵10元的诉求。

确定根因（寻找关键影响要素）

根据问题产生的原因，找到根因或主要原因。具体分类方法有以下三种。

分类共创法

分类共创法是团队集体研讨问题原因的一种方法，可以利用团队成员集体的智慧，找到可能导致问题产生的原因，然后通过分类的方式，找到问题产生的根本原因的过程。其基本步骤如下：

- 描述且澄清需要解决的问题。
- 将参与研讨的人员分成多个独立的小组。
- 小组研讨问题产生的原因，并在每张卡片上写出一个原因。
- 将卡片按照原因的不同类别分类。
- 对每一类原因进行归纳描述。
- 请团队成员对归纳的原因进行判断，各自确定最重要的原因。
- 最终确定达成共识的"根本原因"。

因果归纳法

因果归纳法是将讨论出来的原因进行因果比对，从而获得根本原因的方法。其基本步骤如下：

- 描述需要解决的问题。
- 请参与研讨的人员独立思考，将问题产生的原因写在独立的卡片上。
- 将原因进行分类。
- 在每一类别中，将原因进行因果比对，将"果"下移、"因"上移。
- 如果原因没有因果关系，则另起一列。
- 将最后处于上端的原因确定为"根本原因"。

5Why 法

5Why 法又称"5 问法"，就是对一个问题连续进行五个"为什么"的追问，从而追究其根本原因。在实际使用时，通常不限定只做"五次为什么"的探讨，直到找到根本原因为止。

比如，一台运转正常的机器突然停止了运转，初步查看是保险丝断了，通过"换保险丝"的做法看似可以解决问题，但这样的解决方法只是解决了表象，还需要用 5Why 法来穷尽问题的原因，即不断使用"为什么"的提问方式深挖根本原因，只有找到根本原因，才能制定出"根本性的策略"。

问题一：为什么机器停了？

答案一：因为机器超载，保险丝烧断了。

问题二：为什么机器会超载？

答案二：因为轴承的润滑度不足。

问题三：为什么轴承的润滑度不足？

答案三：因为润滑泵失灵了。

问题四：为什么润滑泵会失灵？

答案四：因为它的轮轴耗损了。

问题五：为什么润滑泵的轮轴会耗损？

答案五：因为杂质跑到里面去了。

经过连续五次不停地问"为什么"，才找到问题产生的真正原因——过多的杂质导致机器停止运行，从而找到了根本的解决方法，即在润滑泵上加装滤网。

策略优选

什么是策略

策略是解决问题偏差的路径。策略或方法的常见表达方式可以用"通过……方法，去解决……问题"来转化。比如"通过拜访客户企业的关键人，提升银行理财产品的签约率""通过店庆宣传活动，提升营业厅的知晓率"等。

匹配优选策略七步法

成立策略小组

成立策略小组，主要确定参加策略小组的人选。一般来说，每个小组理想的人数是4～8人；参与人员有强烈解决问题的意愿；资深员工（有经验的员工）是比较理想的选择，成员之间具有互补的专业或经验背景；小组成员具有社会属性的多样性，比如年龄和性别；成员之间有不同的学习风格，比如理论型、反思型、实干型、创新型。

策略小组的成员角色主要有组长、组员、督导、记录员。组长主要的职责是召集并领导策略小组的工作；组员的主要职责是参与到活动中，并贡献自己的力量；督导的主要职责是负责策略研讨和优选的整体推动；记录员的主要职责是负责整个阶段的过程或结果记录。

选题与准备

成立策略小组后，接下来的工作是选题与准备。选题的标准主要来自本部门的关键二级问题，如果可行，也可以选择三级问题。

确定选题后，组长推动小组成员进入准备阶段。一般来说，准备时间少则一个星期，多则十多天。这其中一件重要的事情是让小组成员熟悉并深刻理解策略选题的意图，即为什么要做这件事。对选定的问题进行本行业、本企业的研究和准备，分析出曾经的企业最佳实践方法或行业最佳方法。

跨界研究

除了在本行业或本企业的研究，必要时还需要推动小组成员跨界研究其他行业的策略或方法，深入了解并分析其他行业是如何解决此类问题的，并找到这些方法或策略的价值。

策略研讨

在小组成员做好充分准备的基础上，组长可以召集开展策略、方法研讨会。在研讨会上，每位成员要提前准备三至五个备选策略参与研讨，备选策略是提前经过研究的，是以数据和事实作为依据的，而不是在研讨会的现场临时想出来的。在研讨的过程中，通过头脑风暴的方式对策略或方法进一步丰富。

在确定策略时通常采用AIRE模型，即进攻策略（Attack）、创新策略（Innovative）、弱化策略（Reduction）和放大策略（Enlarge）。

进攻策略：寻找竞争对手的弱点，确定可以进攻的策略。

创新策略：在内外部都不太具备优势的情形下另辟蹊径，重起炉灶，找到有效的全新策略。

弱化策略：在无法回避自身劣势的前提下，确定能够消减劣势程度、降低最大损失的策略。

放大策略：以外部有利因素作为"杠杆点"，设计能够全力放大自身优势的策略。

在策略研讨中，我们经常需要对威胁因素进行转化，形成对我们有利的因素，从而从习惯防守的策略转变成进攻策略，以形成新的策略思维。此处的转化包括以下三方面。

改善性转化。遇到不利的威胁因素，则努力找到降低风险、减少损失的方向。例如，一家银行认为"互联网金融给他们的业务造成威胁"，经过转化分析发现，受到互联网金融影响的是整个行业。在行业整体变革的环境下，通过聚焦客户、聚焦产品的策略避开互联网金融的影响，从而形成具有自身特色价值的业务服务模式。

替代性转化。遇到不利的威胁因素，则找到新产品、新功能、新方式替代原有的产品、功能和方式。例如，一家汽车4S店反映"马路对面新开的一家同档次其他品牌的4S店对他们构成了威胁"。换一种思维，其他4S店的开业对他们是否有好处呢？之前，该店一直向消费者强调"起步快"和"舒适感"两大卖点，但其实消费者没有感知到；现在，可通过强化"试乘试驾"的过程，让消费者到马路对面的 4S 店进行试乘试驾的感受比对，从而提升本店的成交转化率。

反向性转化。当遇到不利的威胁因素时进行逆向思考，将不利因素变成有利因素。例如，某高档白酒的团队反映"假酒成为他们提升销售转化率的一个威胁因素"，经过分析后发现，喝假酒的消费者其实也是受害者，因此不能仅考虑"加强打击假酒"的策略，也要顺藤摸瓜，通过假酒销售的渠道找到那些消费者，通过"来厂参观""真酒鉴赏""神秘顾客"等策略，将买假酒的消费者转化为打假代表和区域荣誉大使，通过他们来转化更多的消费者。

在推动策略创新过程中，特别需要关注"关系重构"的技术。关系重构是基于"系统思考"的逻辑，强调不只关注事物本身，还要关注事物与事物之间的关系，从而找到新的模式和趋势。如果不进行关系重构，就会在分析原因的时候，站在自我经验的角度提供原因。基于"过去的经验"，自然只能推导出"过去使用过"的策略，所谓"种瓜得瓜,种豆得豆"。为了能够形成更加有效的"新策略"，需要重新构建关系，通常包括时间关系、空间关系和人物关系。

时间关系：时间包括过去、现在和未来，在分析原因和需求时，大家习惯分析过去的和现在的原因，而忽略了未来可能的原因和需求，从而难以满足对方基于未来的"期望升级"。

空间关系：从组织价值的角度来看，收益包括收入和成本，这两个方面往往来自不同的空间，因此在分析过程中，要尽可能将该业务所涉及的空间区域完整呈现出来，这样才能找到未来"增值收益"的机会点。

人物关系：随着外部环境的变化，组织内部利益相关者之间的关系也会随时发生变化，比如员工与客户的关系、客户与经销商的关系、客户与供应商的关系、员工与股东的关系等，这些关系的变化会为未来的策略创新提供 想象空间。

案例：一个加油站的创新案例

一家地处某人口为 50 万人左右的地级市郊区的小型加油站，原来每天的加油量收入为 1 万元左右，经过策略创新设计和实施之后，每天的加油量收入达到 8 万元左右，甚至在节假日能够达到 10 万元，我们来看看这个加油站的创新策略是如何设计并实施的。

创新一：重新定义客户，原来他们的客户主要是经过国道的过路车，缺乏重复购买的客户，因此他们将客户定义为"过路客+市民车主"。

创新二：如何吸引市民车主呢？从服务出发，重新构建员工和市民客户的关系，开发一款加油 App，把车主推动成为会员的员工能享受未来几年内客户加油的收益分成。

创新三：与保险公司建立保险代理关系，促使车主会员集中购买保险，并将佣金返还给车主，以此来增加会员的数量。

创新四：给保险公司指定合法合规的汽修厂，为汽修厂引流，获得汽修厂的返佣和免费保养券，并将免费保养券赠送给会员。

创新五：和汽修厂联合成立拖车队，为车主会员提供市内无限次的拖车服务，同时为汽修厂引流。

创新六：利用郊区空间优势成立免费洗车队，车主每次加油超过 100 元，获得免费洗车券一张，在洗车过程中赠送车主饮料、食品等。

创新七：在一些车流量小的时间端，如非周末早上 7:00 至 9:00 期间，推出加油可免费吃早餐的服务等，来平衡全天的加油人次。

他们为什么制定这样的策略？为什么要和保险公司、汽修厂合作，而不是和酒店、商场合作？因为他们系统地对市民车主的行为进行了分析，通过买车、保险、装饰、保养、加油、停车、卖车等一系列的行为，对刚性度、频次、付费额三方面的比较，确定了车主对加油、保险、保养、洗车几个痛点的需求。

策略评分

在策略研讨过程中会得出多项策略或方法，接下来需要测算每项策略可能的投入产出比和实施中面临的障碍，并对每项策略的投入和产出分别进行评分。评分采用 10 分制。

以提升某通信营业厅的进店人数为例，假如投入最多需要花 2 万元，即每一分代表 2000 元，投入越少，分值越高；产生的收益最多是 10 万元，即每一分代表 10000 元，产出越多，分值越高。

在策略研讨阶段，确定了四个备选策略，如表 5.2 所示。

表 5.2　某营业厅进店人数策略评分

备选策略	投入评分（分）	产出评分（分）	总分（分）
外呼	8	6	
厅外大型广告宣传	6	3	
小区路演	5	4	
异业联盟	4	7	

优选策略

通过对投入和产出进行 10 分制评分后，计算投入和产出的乘积，根据乘积数据大小对策略进行排序，并优选策略（总分分值比较高的策略被认为是优选策略），如表 5.3 所示。

表 5.3　某营业厅进店人数优选策略表

备选策略	投入评分（分）	产出评分（分）	总分（分）
外呼	8	6	48
厅外大型广告宣传	6	3	18
小区路演	5	4	20
异业联盟	4	7	28

根据表 5.3 可知，外呼是首选策略，其次是异业联盟，再次是小区路演，最后是厅外大型广告宣传。

验证策略

确定了优选策略后，接下来可以由多个小组分别进行抽样式验证，验证的时间为 1 周到 4 周不等，根据最终的结果，验证最佳策略。一般来说，如果在匹配优选策略阶段严格遵循七步法，基本上能够找到解决相关问题的最佳策略。但在实际的操作过程中，还需要关注以下两个关键点。

突破固有策略思维。策略小组的成员往往容易掉入固有策略思维的陷阱，大家会凭着固有的经验，去寻找固有的策略或方法。而这些固有的策略或方法已经经过验证，对问题的解决帮助不是太大，固有的思维限制了小组成员的创新能力。

精心准备。在正式研讨策略或方法前，需要小组内的每位成员提前进行精心准备，有时甚至需要进行跨界（跨行业）的研究工作，打开思路。

六度策略组合法

头脑风暴法是当前使用比较多的策略研讨方法，但是在使用该方法时大家往往面临以下几个困惑：

- 需要非常专业的主持人。
- 参与者多依赖自身的经验参与并解决问题。
- 研讨出来的方案难以创新和突破。
- 获得的是短期的、个体化的解决方案。

六度策略组合法可以获得长期的、整体的解决方案（见表5.4和图5.2）。

表5.4 六度策略组合法

3W	策略	定义	度
组织层面 (Workplace)	产品	本部门独立创造的价值的载体	价值度
	政策	对利益相关者稳定的承诺	吸引度
工作层面 (Work)	流程	交付价值的过程	畅通度
	标准	交付价值中最佳团队的最佳实践	规范度
人员层面 (Worker)	意愿	利益相关者保持价值转化的热情	兴趣度
	能力	支撑价值转化的知识技能要素	推动度

图 5.2　六度策略组合法图示

组织绩效

　　管理者首先要对组织绩效负责，打造本部门产品的价值度、政策的吸引度、流程的畅通度，这将成为管理者的首要任务，管理者围绕价值度的打造，需要扮演"产品经理"的角色，不断提升部门职能的价值。销售部门的经理要持续关注外部需求和环境变化下的"销售方案体系"的设计；培训部门的经理要围绕企业业务战略和人才战略开展工作，不断完善"合格员工的标准和评价体系"；质量管理部门要关心"质量隐患和事故控制体系"的打造和设计。

　　管理者还要扮演的另外一个角色是"运营经理"，仅让本部门员工认为自己具有很大的价值是不够的，还需要得到前后端的利益相关者的认同，并让利益相关者将其转化成自己部门的价值，所以需要运营自己部门的价值交付，可以依靠"政策的吸引度"和"流程的畅通度"来实现。经营的核心是经营人，经营人的核心是经营人心，政策是保持人心的重要环节，因此政策的设计强调的是持续性和稳定性，流程的优化是为了带来价值交付的便利性。古语云"易则易知，简则易从"，意思是容易的知识便于传播，简单的事情便于复制。在保证组织安全的前提下，流程越简单越好。

个人绩效

组织绩效体系的增强有助于提升个人绩效，并且能够降低企业对员工、客户和供应商的依赖度，形成持续提升的组织能力。

首先，"产品的价值度"会增强人员的"能力的推动度"。如果销售部门的经理没有把未来的产品方案的价值度设计出来，那么业务人员的整体能力发展会遇到挑战，因为业务人员不可能成为多方面的高手，但是他们被希望成为拿线索、抓需求、做方案、谈判、公关、催款等方面的全能选手，这提高了员工成长合格的门槛，最终可能会培养出个别英雄，却难以保证团队绩效最优。

其次，管理者持续优化"政策的吸引度"，会强化员工、客户和供应商的"意愿的兴趣度"，管理者持续简化流程形成"流程的畅通度"，也便于保持"标准的规范度"。这样员工、客户和供应商就会有持续合作的兴趣和能力，通过简单的复制来实现组织与组织、组织与个人之间的共赢。

以上六度组合策略中，"价值度"是首要考虑的维度，由此形成以"价值度"为核心、另外五个度匹配的"1+5"策略推进模式，即团队研讨的重点是在"价值度"上达成共识，再分别设计另外的五个"度"。过去在头脑风暴研讨中之所以混乱，是因为没有把"价值度"作为讨论的前提，每个人都站在自我"价值度假设"的情形下表达着自己对政策、流程、标准、意愿等方面的观点。六度策略组合如表 5.5 所示。

表 5.5 六度策略组合

组织绩效	产品	1. 明确创造的独特价值、载体及创新的关系构成。 2. 阐述价值设计的原理、过程及价值的实现步骤。 3. 描述价值服务的功能、特点、收益和体验证据
	政策	1. 确定长期的利益相关者关系。 2. 确定基于共同愿景的相互承诺的原则、义务和收益。 3. 保障承诺兑现的措施和调整的程序

续表

组织绩效	流程	1. 价值创造中的角色关系。 2. 分解价值创造过程中的基本步骤、节点和关键点。 3. 提供过程中的工具、表单
个人绩效	标准	1. 交付价值过程中的最佳实践。 2. 设计关键动作的原则、步骤和可量化的细节。 3. 采集实践中的场景化案例来验证标准
	意愿	1. 分析利益相关者的动机。 2. 设计方案来保持利益相关者的热情。 3. 将短期的热情转化为长期的信赖
	能力	1. 确定参与者的能力要求。 2. 设计方案来提升相关者的能力。 3. 及时评价相关者的能力变化并制定应对策略

经过问题的界定、问题的分析后，可以找到解决问题的策略，策略意图如何转化成准确的行动计划，将成为下一项工作的重点。某通信运营商经过系统分析，将业务发展的策略确定为"营维合一"，即发挥各区域公司拥有大量装维人员的优势，通过政策设计、能力培养的方式促进装维人员在入户服务过程中行使销售职能，获取客户的需求和线索，在转交给营销人员，由营销人员跟进并成交后，参与业务的利益分配。

看起来这样的策略非常好，但在不同区域执行的过程中，所产生的效果却有着天壤之别，有些效果好的公司的成单率可以超过6%，但有的公司的成单率不足1%。优秀的策略还需要经过优秀的部署与设计，才能取得优秀的成果。我们总结了在部署中围绕策略的执行形成了"六度策略组合"的结构，包括价值度、吸引度、畅通度、规范度、兴趣度和推动度。

价值度：在六度策略组合中，价值度是核心，也被称为"价值主张"。无论是通过常规性的设计，还是通过创新性的创意，总之围绕每一个问题，都需要确定相应的策略或策略组合。相应的策略或策略组合需要关注以下几个问题。

1. 该策略凭借什么价值主张来解决问题?
2. 针对客户的需求,该价值主张是否是最佳选择?
3. 与竞争对手相比,该价值主张有什么不同?
4. 该价值主张能够持续多长时间支撑该问题的解决?

一个优秀的策略或策略组合一定包含了先进性的价值主张,如性价比更高、效率更快、规模更大或更具有差异化等。

吸引度:确定了策略的价值度之后,接下来就要考虑吸引度了,主要表现在政策的设计和维护上。再好的策略也需要由人来执行,不同的人会产生不同的诉求,如果不能满足或保障这些诉求,就无法吸引更多的人参与进来。政策是对利益相关者的稳定的承诺,政策的制定需要具有稳定性和持续性的特点。在制定政策时需要关注以下几个问题。

1. 策略推进过程中会面对哪些利益相关者?
2. 他们分别关注哪些短期的和长期的需求?
3. 这些政策能否持续地、稳定地推进?
4. 如何针对未来可能的变化进行调整?

畅通度:要保障策略的有效执行,就需要关注畅通度,即策略执行流程的设计和优化。就好比烧水一样,水烧到99℃时放弃了,这壶水也开不了。在执行策略过程中,同样需要多个流程的支撑,只有所有的流程顺利完成,策略的意图才能最终实现。在设计流程时需要关注以下几个问题。

1. 策略的执行需要哪几个流程?
2. 执行流程的主体分别是谁?
3. 哪些流程点容易卡壳?如何处理?
4. 看到什么结果才说明流程已经完成?

规范度:要保障流程的有效执行,就需要关注规范度,即流程中标准的设计和优化。如果缺乏标准,不同的人会将同样的流程做出不同的效果。比如,一个酒店有三位服务员共同执行调整会场桌椅的流程,其中一位服务员做得最好，这位服务员的行为就可以成为调整会场桌椅的标准。标准就是通过采集工作中的最佳实践来建立工作的规范，使其成为不同人员做相应工作的参考依据。在制定标准时需要关注以下几个问题。

1. 该标准体现了什么样的价值主张？
2. 该标准需要完成哪些基本的步骤？
3. 每个行为需要做到哪种可量化的程度？
4. 这些行为能够被更多人复制吗？

兴趣度：接下来需要关注人的兴趣度了，有时候即使政策具备了足够的"吸引度"，也不一定能够引发所有人员的"兴趣度"，因为不同人的兴趣点不完全一样，因此需要根据政策的核心条款和描述，设计针对不同人员的"交流方案"和"交流方式"，以激发更多人愿意参与策略执行的兴趣。在设计"兴趣度"时需要关注以下几个问题。

1. 当事人有哪些兴趣点？
2. 这些兴趣点是短期的还是长期的？
3. 如何有效地满足这些兴趣点？
4. 如何开发更多的点来强化当事人的持续的兴趣？

推动度：当事人在具有兴趣度的同时，还需要具备推动度，推动度的核心是能力，包括工具配置和信息反馈。能力是策略意图实现的"最后一公里"，能力越强，就越能激发更大的兴趣，反之，能力不够，则会降低工作的热情和兴趣。在设计"推动度"时需要关注以下几个问题。

1. 当事人需要具有哪些基础能力？
2. 如何评价并反馈这些能力？
3. 通过什么方式来培养他们的能力？
4. 通过优化哪些工具来提升能力？

在这六度策略组合中，前三度表达了组织绩效，后三度表达了个人绩效。

在执行策略时，组织绩效会直接影响个人绩效，因此价值度越高，越有利于推动度的形成；吸引度越强，越带动人员兴趣度的提高；畅通度越简单有效，越容易形成规范度。当这六个维度都具有良好表现的时候，策略的意图就能得到更好的执行。

在前面的某通信运营商案例中，虽然策略的价值度都差不多，但不同的区域形成了不同的绩效成果，其中主要的原因来自其他五个维度的配合。比如在吸引度方面，没有能够考虑全面利益相关者的构成，仅考虑到了装维人员、营销人员，却没有考虑到营销人员背后的经销商老板及老板的利益诉求。在畅通度方面只设计了需求获取和营销跟进的流程，却没有设计绩效兑现的流程，导致不少装维人员在完成需求获取的动作之后，没能及时获得收益，从而使兴趣度快速下降。

除此之外，在兴趣度和推动度方面也没有进行精准设计，很多区域认为这个策略很好，很快就大面积推广，让所有的装维人员都参与，但不是所有的人都愿意且能达到绩效标准，于是造成不少装维人员无法快速实现成单的目的，其积极性受损后会影响更多人的积极性。而推进较好的区域的做法却大不一样：首先，选择少数装维人员和营销人员进行试点，总结最佳的流程、标准和步骤；其次，将业务过程设计成视频课程，采取线上认证的方式，鼓励大家参与学习和认证，只有通过认证的装维人员和营销人员才能参与计划，享受相应的绩效收益；再次，通过认证的人员具备较强的意愿和能力，入户工作的成功率较高，并且带来了较高的个人收益；最后，这些成功的案例产生了较大的影响，吸引更多的人员参与认证和培训，从而将合作的范围进一步扩大。

通过某通信运营商案例，可以看到仅仅有好的策略还是不够的，在执行的过程中多个维度的设计才能保障策略的落地，"六度策略组合"是比较适合大家掌握的策略执行结构，能协助大家提升策略收益的效果。

计划实施

计划实施五原则

从最佳策略或方法到月度行动计划,是将集体的智慧落地到实际行动的过程。在制订计划的具体步骤时,组织需要遵循以下五个原则。

原则1　动宾结构

计划步骤的描述是"动词 + 宾语",动作是可以测量或衡量的。避免使用的动词有掌握、熟悉、了解、知道、明白等。

组织员工培训、举办户外活动等,推荐的动词如表5.6所示。

表5.6　推荐的动词

动词类型	相关动词
认知类	举例、对比、辨别、列表、对照、命名、定义、引用、描述、背诵、探知、认识、区分、练习、区别、重复、枚举、重塑、解释
技能类	组合、准备、计算、处理、建立、证明、复制、记录、记数、修理、展示、解决、设计、说出、开发、转录、画出、打字、衡量、书写、操作
态度类	调整、决策、分析、评估、测量、挑选、选择、批判

原则2　时间线逻辑

每一个步骤按时间顺序往下走,保证计划的实施过程能够督导跟踪。以组织员工培训为例,分别包括以下五个步骤:

- 调研培训需求。
- 制订培训计划。
- 选择培训师资。
- 实施培训课程。

- 评估培训结果。

这五个步骤有明显的时间逻辑顺序，只有在上一个步骤完成后，才能往下进行。

原则 3　看得见的结果产出

每一个步骤的结果产出是明确具体的。仍以组织员工培训为例，其中的五个步骤，符合要求的结果产出分别是：

- 经过部门领导审核的培训需求调研报告。
- 经过部门领导审批后的年度培训计划。
- 按照师资标准审核后的合格的内外部讲师。
- 按照培训计划，在规定的时间、地点，针对合适的人员，由合格的师资完成培训。
- 经过部门领导审核后的培训评估报告。

原则 4　区别管理计划与业务计划

计划分为管理计划和业务计划两种。管理者制订管理计划，是管理人员在管理员工时所使用的计划，员工根据管理计划制订业务计划，业务计划是员工在同客户沟通过程中使用的计划。通常很多管理者容易忽略管理计划，而是习惯写业务计划，因为管理者往往是业务高手，所以他们更容易将管理计划写成业务计划。管理计划与业务计划的区别如表 5.7 所示。

表 5.7　管理计划与业务计划的区别

	管理计划	业务计划
对象	员工	客户／合作伙伴
内容	管理任务	业务任务
拥有者	管理者	员工
责任人	多人	单人

原则 5　最后一步必须评估

最后一个步骤必须是评估，评估以上计划和策略实现后，所支撑的二级问题、三级问题的偏差是否完成。评估包括形成性评估和结果性评估两种。

形成性评估是指在计划没有实施或在实施过程中进行的评估，目的是在经过反复评估后，对原有的计划不够完善的地方进行改善，从而提升计划执行的效果。在形成性评估中，管理者需要反复确认：如果这些计划全部完成，问题一定能够解决吗？通常答案不会那么肯定，就说明计划中还有可以完善的地方。另外，这样的确认可以形成"风险的假设"，要对风险进行发生概率和破坏率两个维度的评估。两个维度都会采用 10 分制，评价出来的分值相乘，得分高的风险即重点面对的风险，需要提前制定预案。

结果性评估是指在计划执行之后进行的评估，目的是总结本次计划执行过程中的经验和教训，一方面是对本次的计划实施进行价值评价和奖惩兑现，另一方面是为了给未来的计划执行提供参考依据，避免同样的错误多次发生。但是，对于本次计划来说，结果性评估已经是事后评估了，对本次计划的改进已经无济于事。以组织员工培训为例，本次员工培训指向的是某营业厅员工的接待支撑率的偏差，其中包括五个步骤，最后一步是评估培训结果。如果在培训后的两个月内，该营业厅员工的接待支撑率获得了提升，说明本次计划与策略是可行的。相反，如果经过评估后，培训的结果没有达到预期，说明制订的计划与策略需要重新完善。

这种做法的好处是，以前的计划是任务导向，即任务完成了不一定能完成目标，导致任务与目标"两张皮"。现在的计划是结果导向、目标导向。

让计划赶得上变化

为什么计划赶不上变化

中国有句老话"计划赶不上变化"，需要从两个方面理解这句话的意义。

一方面是计划的制订缺少前瞻性，没有充分考虑变化的可能性，以至于经常变化会导致计划调整；另一方面是对计划中的风险评估不足。

计划赶得上变化

计划赶得上变化，需要通过对风险的评估、风险的防备、预案的准备来预防变化的发生。

风险的来源

每一个计划步骤都会带来风险，风险可能来源于多个方面，包括环境、实施操作者、竞争对手等。因此，对于风险要提前进行预测，并且描述风险。培训员工会带来风险，如现有的参加培训的人数不够，或者培训的内容不能达到培训目的；实施宣传计划可能产生风险，如天气不好，下雨了；举办广场活动，由于其他重大活动同时在进行，所以会影响本次活动的参会率。

风险发生概率及破坏率的评估

风险发生概率的评估是指风险发生的可能性有多大。在实际评估过程中，一般采用10分制，如果风险发生的概率特别大，会评9～10分；风险发生的概率很小，一般会评1～2分，以此类推。判断标准源于专家经验值或者统计数值。

风险发生破坏率的评估是指风险如果发生，发生的破坏程度有多大。在实际评估过程中，也采用10分制，如果风险发生的破坏率特别大，会评9～10分；风险发生的破坏率很小，一般会评1～2分，以此类推。判断标准源于专家经验值或者统计数值。

风险预案的准备与设计

将风险发生概率和破坏率相乘，如果分值比较高，可能就是重大风险，因此需要对重大风险准备预案。

预案设计包括负责人、具体步骤、费用等。比如培训员工，可能要设计的风险预算是如果培训员工的人数不够，设计的预案是多准备待培训的人员，由此产生的预算要增加多少。举办户外活动可能要下雨，针对这一风险，预案的设计包括备用一个室内场地，或者备用雨披、防雨设备，以保证活动可以正常进行。

风险预案的检查与启动

预案检查是指在启动风险预案前，对预案的各个环节进行检查。以举办户外活动为例，在活动开始前，相关责任人要对预案进行检查，寻找隐患，比如雨具的数量够不够，雨具发放的顺序是否会影响活动，准备人员的条件是否符合要求。对预案进行最终确认，经常使用的工具是点检表。

预案启动时刻是指我们在看到什么现象时要启动预案。比如，户外活动时下雨发放雨具，是看到乌云时发放，还是下小雨时发放，抑或是下大雨时发放。因为预案启动对活动造成的影响较大，所以尽量不要启动预案，但是启动的时刻比较迟对活动也是有影响的。启动的时刻比较难以把握，需要考量预案负责人的观察力和可控性。一般来说，要设置一个可观察的条件来启动预案。

上接战略的计划——月度行动计划

月度行动计划是各企业实现战略目标和年度目标中最稳定的管理行为，每家公司均不可或缺，是能够嵌入公司的战略目标和年度经营目标完成的过程。企业每一年要根据确定的年度目标来制订年度经营计划，然后各部门要将目标和计划分解到每一个月，从而形成月度行动计划，并且每月需要召开月度经营分析会。

月度行动计划表如表 5.8 所示。

表 5.8　某部门月度管理行动计划（GPS-IE® 管理改进系统版）

二级问题	当前值	目标值	三级问题	策略	计划步骤	产出定义	风险点	风险发生概率	风险发生破坏率	预案	日期	责任人	预算	督导

二级问题：这一级问题系统是管理者的年度管理底盘，从指定年度经营计划开始就要围绕本部门的二级问题进行过程分解，具体可分解到每个季度和月度。二级问题的数据测量和统计形成了计划表中"仪表盘"的重要组成部分，月度的计划、实施、评估、总结均要从二级问题的数据分析开始。

三级问题：这一级问题系统是员工的月度工作底盘，在制订月度行动计划时，员工要根据管理者的关键二级问题找到关键三级问题，识别出本月个人的重点工作任务，形成员工个人的工作"仪表盘"，月度个人的计划、实施、评估、总结均要围绕三级问题来展开。

策略：在年度计划和月度计划中，策略通常是围绕二级问题来设计的，根据数据分析出关键的二级问题，找到导致二级问题偏差产生的根本原因，制定对应的策略。员工在实行计划过程中，需要落实二级问题策略的意图。

计划步骤：策略意图需要转化为计划步骤，在转化过程中，要参考方案、政策、流程、标准、意愿和能力六方面，细化执行的过程，并以评估为结束。

产出定义：需要用明确的产出定义来界定计划的产出标准，如"培养员工掌握新产品的销售技能"这个计划，产出定义应该描述为"十个员工通过了新产品销售技能测试"。只有形成明确的产出定义，才能对每个步骤进行精准的评估。

风险点：在计划实施过程中，通过形成性评估找到执行过程中可能产生的风险，防患于未然，将风险消灭在萌芽状态，或者一旦发生风险，也能够提前做出各种应对预案。

风险发生概率：风险发生的可能性评估，有效风险发生的可能性很大，有效风险发生的可能性很小，只要有风险发生的可能，就需要在计划实施之前评估出来，做到心中有数，忙而不乱。

风险发生破坏率：要对风险发生后的破坏率进行评估，有些风险发生后形成的后果是可以承受的，有些是不可以承受的，面对那些一旦发生，对问题的解决形成巨大障碍的风险，需要提前评估出来，且重点对待，"不怕一万，就怕万一"。

预案：对风险指数比较高的风险点，需要形成处理预案，从人力、财力、物力、方法等方面做好充分的准备，甚至在某些重大活动之前，还要进行预案的演练，以保证一旦发生重大风险，所有人员都可以有条不紊地应对。

日期：每一步计划均有完成日期的要素，可以是终点日期，也可以是起始点时期区间，但不可以只有起点日期，没有终点日期。日期的要素指向了计划完成的及时率，一旦确定了交付日期，它就具有了严肃性的特征，不能够轻易改变，现实工作中，正是因为很多人对日期不够敬畏，每个人可能只晚了一点点，但多人的计划合成后就导致计划延误许多。

责任人：每一步计划任务的责任人。作为计划任务的责任人，每一位参与者将围绕计划的过程和结果，带领各自的团队开展工作，过程中可以对计划进行优化和调整，但均需以交付结果的达成为目的。

预算：计划执行中需要有人力、资金、物料等预算的支持，不同的计划会带来不同的预算，因为预算是根据"所要完成的事情"的需要而制定的。离开对问题、原因和策略分析而形成的策略预算可以称为"拍脑袋式策略"。

督导：每一项计划均需要独立的第三方对计划过程和结果进行督导，督导的依据是整体计划，根据实际执行的情况给予标签。如果执行团队顺利完成，督导给予绿色标签；如果执行团队延误，督导给予黄色标签；如果执行团队失败了，督导给予红色标签。因此，督导可以根据计划中标签颜色的不同，对执行团队中的各个角色进行绩效评价。

月度行动计划如何"上接战略、下接结果"

二级问题直指战略

二级问题的稳定性指的是驱动要素的名词是稳定的，只要公司的主体业务不发生变化，过去五年或未来五年，这些驱动要素是不会变化的。而二级问题直接指向一级问题的结果，一级问题支撑公司的战略。因此，只要实现二级问题，公司的战略就会实现。

在执行过程中，二级问题的量词偏差（即数据）会发生变化，变化大的二级问题就是该部门下一阶段重点解决的二级问题。

尽管二级问题的量词偏差（即数据）会发生变化，但在一个较长的周期内，二级问题库不会发生变化。这些二级问题库类似于管理者手中的多掷球，只要这些球顺利转动起来，这些战略目标就能实现。

解决"变"与"不变"的认知

我们很容易受到"这个世界唯一不变的就是变化"这句话的误导，当朝令夕改成为一种常态，大量的员工认为什么都可以变化时，很容易让员工迷失自我，过多的变化会使大家失去原则与方向。

在管理中，我们需要强调以不变应万变。中国文化当中理解变化是从《易经》开始的，"易"有三个层面的意义：不易、变易、简易。

不易指向的是不变，变易指向的是变化，简易指向的是简单。只有掌握变与不变的规律，就会使管理变得简单。在战略目标的实现中，需要掌握变与不变的规律，通过月度行动计划表，如何认知管理中的变与不变呢？哪些是不变的呢？不变：二级问题是一条分界线，二级问题之前是不能变化的，包括二级问题的名词本身、一级问题、战略目标、愿景、使命、价值观、原则等。变：二级问题以后的策略、计划、责任人是可以变化的，需要我们进行创新。我们以不变的驱动要素指导创新，以不变应万变，万变不离其宗，这里的"宗"则指向的是驱动结果和战略。

实施过程的保障

在实施月度行动计划的过程中，每个员工都要负责任。因此对每个员工用"红绿灯"进行监控和评估，完成贴绿灯、延误贴黄灯、失败贴红灯。通过员工完成月度计划的数量和质量来评估员工在实施战略过程的价值。这种方法也大大地提高了管理的效率，特别是在开会的时候，效率就更高了。

月度总结

在某公司一次月度检讨会上，大家的汇报如下：

总经理陈总痛陈公司营业衰退的情形，他说："今年以来，公司的营业情况真让人心寒，第一季度的营业额居然降到一亿元边缘，比去年同期下降了将近五成，仅达成今年营业额年度目标的 8.3%。希望在座的各位能彻底探究营业额下降的原因，提出应对策略，否则，公司营运情况必定不堪设想。"

营业部廖经理表示："今年第一季度营业额确实减少很多，但有几个事实不容忽视。今年第一季度是淡季，历年第一季度的营业额通常也只占全年营业额的 15% 左右；今年第一季度春节假期较往年长，本公司的营业额当然大受影响；去年上半年正值景气繁荣阶段，今年经济普遍低迷，企划部门所做的营业目标却依然依据成长的乐观估计所定；本公司产品的式样已过时，虽然营业人员费了九牛二虎之力，也难以拓展市场。"

研究发展部胡经理提出他的看法："本公司的研究发展一向不落人后，新产品推出速度也比同行领先，以去年来说，本公司就有五种新产品问世。"

财务部王经理反驳:"去年推出五种新产品,有两种是失败产品,造成不少亏损,可见推出新产品不一定符合成本效益原则;而且新产品的推出多集中在五六月,时效上落后了很多。个人认为,本公司应该努力于现有产品的促销,更重要的是预测与计划工作必须加强,以免将大量资源浪费在没有潜力的产品上。"

企划部刘经理抗议:"企划部门所做的一切预测工作及营业计划都是合理的,并非特别高,何况同行中也有少数公司的营业额仍持续增长着。另外,请别忽略了企划部全体人员只有三名的事实。我们人少事多,又要承担公司成败之责,似乎不公平,本人认为如要促使公司业绩增长,重点仍在营业部。"

传统月度总结的特点可以总结为以下几方面:

三段论:在一般的部门月度总结汇报中,通常为"三段论",即第一段为"本部门上个月做了些什么",第二段为"本部门下个月将要做什么",第三段为"希望得到领导和其他部门哪些方面的支持"。

差不多:每个月的计划内容相似度很高,似乎就那么几件事,颠过来倒过去的描述。

差很多:某些部门在前几个月的计划中宣称要做大任务,过了几个月却悄无声息了。

不一致:各个部门关注的任务方向不一致,人力资源部说在忙着招聘,财务部说在忙着报表,销售部说在忙客户关系等。每个部门都在说自己认为重要的事情,而不是在基于战略目标、客户导向的统一前提下,经过系统思考形成的表达。

系统的月度总结是将每次的月度总结变成一次论文答辩现场,推动各部门对思维的认知更加系统,对问题的认知更加准确,对过程的把控更加趋于事实。

月度总结的四大特点如下所述。

系统性:从系统的角度出发,从战略目标到一级问题、二级问题、三级问题,落实到月度行动。

逻辑性：遵循的基本逻辑是预算跟着计划走，计划跟着方法走，方法跟着原因走，原因跟着问题走，问题跟着目标走，目标跟着战略走。

结果性：月度总结直指部门的一级问题（即结果）并且支撑公司战略目标的达成。

持续性：因为月度行动计划中二级问题之前的要素不变，包括二级问题的名词本身、一级问题、战略目标、愿景、使命、价值观、原则等在长时间内稳定，因此使得行动计划持续性较长。

某部门月度总结模板如表 5.9 所示。

表5.9　某部门月度总结模板

编号	二级问题	顺利完成	存在偏差	编号	二级问题	顺利完成	存在偏差
1				4			
2				5			
3				6			
……				……			

二级问题改进计划的参考要点：

1. 存在偏差的二级问题是什么？
2. 该二级问题的三级问题是什么？
3. 三级问题的原因分析是什么？
4. 我们将采用的具体方法是什么？
5. 我们制订的具体行动计划（含产出定义、责任人、日期等）是什么？
6. 督导完成状态：顺利完成（绿灯）（　）延误（黄灯）（　）失败（红灯）（　）
7. 如果能按时完成,将给予团队多少绩效（如果不能完成,将扣除绩效）？
8. 为了支持团队完成计划，需要公司在政策、人力、资金等方面给予哪些支持？

领导质询：
1. 选择二级问题的依据是什么？
2. 确定问题原因的依据是什么？
3. 选择方法的依据是什么？还有更好的方法吗？
4. 该责任人的能力是否与计划匹配？
5. 如计划无法如期实现，你的预案是什么？
6. 你的活动预算的理由是什么？
……

创新型工作转化为模仿型工作

在企业管理过程中，随着管理层对问题的认知不断加强，需要把组织当中大量创新型工作转化为模仿型工作。

创新型工作

创新型工作指的是在组织中从来没有涉及、没有体验、需要探索、没有历史数据、没有形成经验的工作。它往往指向目标型的问题。创新型工作是通过关键计划来推动实施的。

模仿型工作

模仿型工作是指组织已经通过实践具有了历史数据、沉淀了一定经验的工作。模仿型工作可以转化为标准操作程序，来规范老员工的行为，为新员工的培养提供标准。

标准操作程序编制

标准操作程序（SOP）包括三大要素：一是原则或宗旨，二是步骤或行为，三是标准或细节（见表5.10）。

原则或宗旨

什么叫宗旨？第一是战略需要，第二是客户对我们展现的行为的整体认知。

表5.10　某银行客户经理获得更多朋友数量标准操作程序

三级问题	A1-1：获得更多朋友	流程编号	
二级问题	A. 提升新增意向客户数量	日　　期	
宗　　旨	□影响　　　□增值	批　　准	
检　核	步　　骤	标　　准	
	收集潜在好友名单	活动1. 客户经理在工作时间内，参加协会活动，向主办方获取参 加宾客的名单，名单内容包括企业名称、职位、手机号 活动2. 工作时间内，搜索存量客户的电话号码，核实是否都在自己的微信通讯录内 活动3. 不能通过手机号添加的，询问客户QQ号通过QQ号，获取微信号 活动4. 客户经理在拜访客户时取得财务总监或高管的联系方式 活动5. 通过收集有价值的名片来增加微信 活动6. 在参加大型活动中，鼓励或建议主办方举办"摇一摇"或雷达程序 活动7. 加入本地潜在客户的微信群，不低于五个	

续表

步骤		标准
检 核	发出添加好友的邀请	1. 客户经理本人在邀请信息中进行自我介绍,包括姓名、任职单位、职位、联系方式 2. 设定每天上午 11 点或下午 3 点为发送添加邀请的时间 3. 设计邀请内容且每周发送一次 4. 执行发送邀请
	添加符合要求的好友	1. 客户经理与目标客户确认互相纳入好友名单 2. 不定期发送包括国家及地方金融政策等与客户有相关性的信息 3. 及时回复客户反馈的咨询及问题 4. 根据不同业务需求,分类客户群,建立不同的群 5. 落实符合要求的好友
	进行价值沟通	1. 每天一次在所建立的各个群里面,发送行业及金融业务信息 2. 每周在群中发表专业类的互动和交流,不低于一次 3. 每天关注群中成员的发言,每周重点沟通 2~3 人,重点沟通的对象为企业实际所有人、财务总监 4. 每天不定时对群内客户的反馈信息进行单独回复 5. 根据客户提出的信息,确定客户业务需求 6. 约见面谈,进一步了解业务,及时沟通

比如,某客户接触了三家属于同行业的企业,客户对 A 企业说他们的技术很超前,对 B 企业说他们的服务很周到,对 C 企业说他们的态度不严谨,这说明客户对这三家企业有不同的认知。我们希望客户有什么认知呢?我们希望客户具有的认知就是动作原则或者宗旨。假如我们希望客户接触销售部门的同事之后对团队的评价是"专业",这是我们的期望,也是原则。

步骤或行为

因为每个三级问题都会有不同的步骤,比如在表 5.10 中三级问题是如何获得更多朋友，包括收集潜在好友名单、发出添加好友的邀请、添加符合要求的好友、进行价值沟通四个步骤。

标准或细节

可是光有步骤还不够，还需要有标准。为什么要有标准呢？就拿表 5.10 中"添加符合要求的好友"环节来说，老员工和新员工的添加技巧是不一样的，新员工可能会很紧张，添加客户的时候表达不清楚，讲了十句话还没说清楚自己是谁，客户不搭理的概率会提升。而老员工会怎么做呢？添加前回忆近期与该客户交流的细节或相关朋友的介绍内容，总结出不超过三句话的自我介绍及给对方带来兴趣的价值点，以便客户顺利通过添加好友的确认，这都是细节和标准。

岗位操作手册形成

多个三级问题形成多个 SOP，多个 SOP 的合成，就有可能形成某个二级问题的岗位操作手册。岗位操作手册有以下四大作用。

老员工的提升指南

老员工最大的优点是经验丰富，然而，过去的经验并不一定在未来管用。因此，老员工需要将丰富的经验上升为理论高度。

岗位操作手册就是对现有员工经验的沉淀，它是着眼于公司战略的发展而不断升级的。

老员工在升级的过程中，不仅贡献了自己的经验和智慧，对他们来说，最大的收获是获得提升。

新员工的培训宝典

当新员工进来之后,有了岗位操作手册,培训新员工就变得简单了。

第一步:让新员工自己看,三天之后再考核。

第二步:作为新员工的师傅,要告诉新员工程序的宗旨是什么、步骤是什么、标准是什么,让他知其然还知其所以然。

第三步:师傅对几个程序操作一遍,让新员工观察。

第四步:新员工进行实际操作,师傅根据岗位操作手册在检核项打钩,合格的打钩,不合格的画圈,让新员工回去练习不合格的检核项,第二天再考核。

第五步:在新员工真正接触客户的过程中,师傅在旁边观察、提醒和补充。

经过这五步,新员工对几个程序就能迅速掌握,这也意味着第一阶段的培训合格。从原来的可能三个月才培养一位合格的员工,通过岗位操作手册,也许培训周期能缩短到一个月。新员工的培训周期大大缩短。

课程设计与开发 KSA 的来源和依据

岗位操作手册是员工培训课程开发的来源,原则或宗旨部分实际代表的是 A(态度),行为和标准是 K(知识)、S(技能)的组合。课程设计与开发人员通过对岗位操作手册中 K、S、A 的萃取,可以开发出相应的岗位培训课程。在这里请大家注意,其实本步骤就是培训行业长久以来比较难解决的"需求分析",应该如何去做、怎么去做、如何赢得业务部门负责人的真正认可、如何为组织创造真正价值等是不少培训从业者的疑问。这再一次证明了解决问题的根本方法往往不在其本身,而是来自另外一个更高的系统。

组织知识管理的沉淀载体

知识管理是组织中建构一个量化与质化的知识系统,让组织中的资讯与知识,通过获得、创造、分享、整合、记录、存取、更新、创新等过程,不断地回馈到知识系统内，通过持续对个人与组织的知识进行积累，从而形成组织智慧的持续更新。

知识管理要遵循"知识积累—创造—应用—形成知识平台—再积累—再创造—再应用—形成新的知识平台"的循环过程，而岗位操作手册就是这样的一个载体，帮助组织不断沉淀个人和组织的智慧。

第6章

实施I：
推动计划实施

讨厌的阶段偏差

在管理的过程当中有四个关键点：目标、预算、投入和结果。我们再来看看这四个关键点之间的关联关系（见图6.1）。

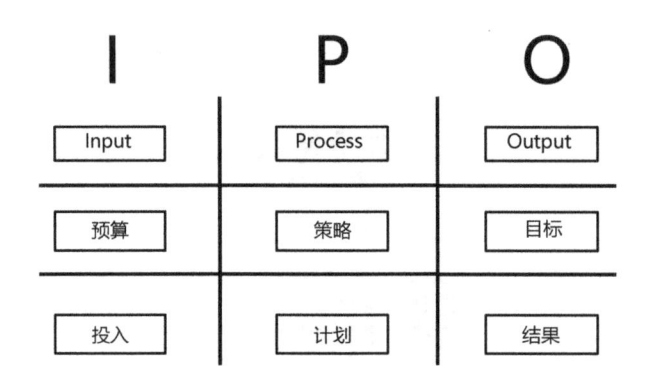

I	P	O
Input	Process	Output
预算	策略	目标
投入	计划	结果

图 6.1　四个关键点之间的关联关系

目标指向的是 O，预算指向的是 I，I 是投入，O 是结果。请大家想一想以下两个问题：

- 先有目标还是先有预算？
- 先有投入还是先有结果？

理顺了这个关系，我们就会知道讨厌的阶段偏差是怎么产生的。

- 先有目标，只有制定好企业的战略目标，才能制定策略，制定完策略，才能做出策略执行需要的预算。
- 有了预算，企业就开始进行各种人力、物力资源及费用的投入，下一步开展的工作就是策略执行步骤，也就是编制计划，最后执行计划，得到产出，也就是结果。

所以，我们得到的结论是：先有目标再有预算，先有投入再有结果。很多企业遇到的问题是目标制定了，预算测算出来了，企业愿意进行各种人力、物力资源及费用的投入，该投入的都投入了，但是希望达到的结果却没有看到，也就是没有达到企业制定的目标。这对于企业老板来说是非常懊恼的事情，对目标的责任人来说更是非常恐惧的问题，无法向老板交代啊！

在这种情况下，目标的责任人要怎么和老板沟通呢？肯定要找理由、找原因，总不能直接承认是自己失职吧，总要想办法解决这个阶段偏差吧。那找理由、找原因的目的是什么呢？一般有两个诉求，第一个诉求是希望老板能降低下一阶段的目标，第二个诉求是希望老板能增加预算、增加投入。

从决策的角度来讲，这时候很多企业老板其实处于进退两难的阶段，他们其实是最大的受伤者：你们要的资源、费用我统统投入了，之前定的目标你们也认可，现在没有达成目标你们就来找我诉苦、找我抱怨。降低目标将大大影响企业的战略方向，影响员工的信心，这是非常不可取的办法。增加预算对企业老板来说也非常痛苦，一切都是为了生意，做生意是为了利润，投入的越多利润越少，这对于任何一位老板来说都是非常不愿意看到的；但是不增加预算，目标就更完不成，所以大部分时候老板最终还是妥协了，目标是不能降低的，但增加了一部分预算，利润少了，但至少还有利润，完不成目标就根本没有利润。可是就算增加了一部分预算，该投入的又投入进去了，就一定能完成目标吗？这又不一定。结果目标的责任人又来找老板诉苦、抱怨，还是那两个诉求，要么降低下一阶段目标，要么增加预算，导致恶性循环——投入的越来越多，目标与结果却一直存在偏差。现在我们知道这个阶段偏差是怎么产生的了，偏差产生的原因就是目标和预算之间的分离。

目标是从高层往基层制定的，也就是企业的领导人根据各个部门的情况来制定的；而预算是各部门、各岗位站在自己的角度去测算申请的，各部门、各岗位在申请这个预算时，要多要少完全凭借自己的测算和预计需要投入的费用，与管理层设定的目标没有直接的关联关系，是为了要预算而要预算。因此，阶段偏差产生的主要原因是目标和预算之间缺少策略与计划的连接。

我们通常的做法是设定目标后直接从目标来测算预算，下一阶段需要做的事情就是第3章"二级问题P2：寻找驱动要素"提到的——找到目标的驱动要素。

制定预算

以前面提到的某通信营业厅的目标结果是1200万元为例。

第一步：确定驱动要素

我们要把结果分解成三大驱动要素，前面已经分析过了，驱动要素如下：
- 进店数。
- 进店数转化率。
- 阿布值（ARPU，Average Revenue Per User，每位客户的消费额）。

第二步：测量数据偏差

上述三个驱动要素都有现状值和目标值，其中三个目标值构成了最终的目标结果值。接下来要达成这三个目标值，就要制定相应的策略，并且要通过矩阵分析法找到最佳策略。

第三步：制订匹配策略的计划

找到最佳策略，接下来制订匹配策略的具体计划，清晰地描述具体的人、时间、地点、动作。

第四步：根据计划制定预算

根据以上计划制定预算，不同的策略会带来不同的计划，不同的计划会带来不同的预算。这个预算不是各部门、各岗位拍脑袋决定的，也不是大致根据目标制定一个百分比测算的，而是根据需要做的具体工作计算出来的，结果是相对精确的。因此，预算跟着计划走，计划跟着策略走，策略跟着问题走。我们通常的做法是从目标直接到预算，在这个过程中就可以预测到会出现的偏差，因为目标和预算之间缺少了相应的策略和计划。因此，我们得出结论：阶段偏差产生的原因是目标和预算之间缺少策略和计划的设计与执行。所以在管理改进实施的过程中，制定的预算是和具体的计划有直接关联关系的。如何消除阶段偏差呢？其实就是来自具体计划推进过程中计划设计的有效性，以及预算与计划的匹配度。这种阶段偏差在企业中普遍存在，每个阶段都会存在，通常的做法就是要么降低目标值，要么增加预算，一次一次地修改调整预算。

因此若要解决这个问题，就需要从企业管理者的高度用系统思考的方法，考虑整个企业的发展问题。而管理是复杂的、系统的、有逻辑的和有关联的。我们建议企业要系统思考，并成立专门的小组，正式立项，在领导的带领下，多部门协同工作。

成立管理改进小组

作为企业的管理者和目标的责任人，都希望消除阶段偏差，因此各个部门成立管理改进小组来完成这个工作。成立管理改进小组，需要以下六个角色协同合作：领导人、协调人、小组组员、责任人、督导、改进教练（见图6.2）。

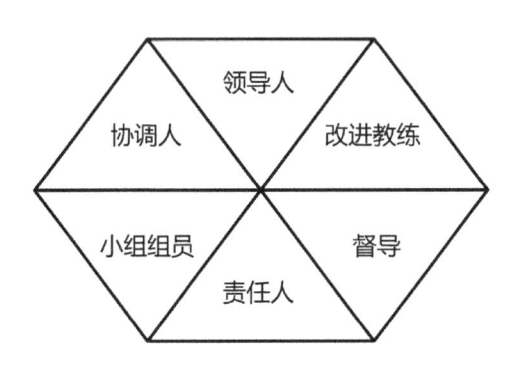

图 6.2　管理改进小组包含的角色

领导人

领导人也是发起人，一般是由公司的管理者（如企业的董事长、总经理或者经过授权的分管副总经理）作为发起人。领导人参与结果性的一级问题的讨论，对一级问题达成共识、审核驱动性的二级问题，并且关注二级问题的过程和结果，支持管理改进过程中的政策优化和资源的供给。

协调人

协调人一般是指企业人力资源部门、行政部门或者运营部门的负责人。协调人主要负责将整个项目实施过程中的人员进行召集和协调，并记录管理改进过程的发展。

小组组员

小组组员一般是企业各部门的员工，他们围绕二级问题、三级问题贡献个人的经验和精力，参与项目的研讨和分析；小组组员必须有一定的工作经验，并经常对工作内容进行反思，有一定思想的、有创新精神的、有管理思路的员工可以提供一些有价值的建议。

责任人

责任人一般是指企业中各部门的负责人，责任人对二级问题和三级问题的解决负最终责任，负责管理改进项目的目标设定、规则设计、推进秩序，以及奖惩制度的制定、执行、兑现等工作。

督导

督导一般是由企业的运营负责人或者人力资源部门的相关人员担任。督导对管理改进项目的行动计划进行过程追踪,对结果进行记录,收集、测量、分析过程和结果数据,并定期向企业管理者上报结果;同时监督管理改进小组奖惩制度的执行。

改进教练

改进教练一般由经过内部授权认证的或外部的专业顾问来担任。他们负责管理改进项目的过程设计或组织研讨,并参与制度流程优化、知识技能培训等辅助工作。改进教练不仅要懂得管理改进的技术,而且必须有参与多个管理改进项目的经验,这样才能有效把握管理改进中的方法和原则。

总之,上述六个角色在实际的管理改进项目当中需要相互支持和配合,缺一不可,以保障项目的顺利开展和持续执行。除了确定管理改进小组的六个角色,组织还需要为管理改进小组制定相关的执行标准、奖惩制度等,目的是保证管理改进项目的有序推进,达到组织的目标。除此以外,为了准确地传达和沟通,组织需要定期举办相应的项目协调会。在一个项目启动之前,组织要对项目的目标进行确定,组织要举办相关的沟通会议,目的是传达项目的目标,并让所有项目成员在项目目标、方法、利益上达成共识。

管理改进小组的挑战

在管理改进过程当中,有可能还会遇到以下特殊的情况,这时就需要我们灵活处理。

工学矛盾

日常工作和管理改进技术学习存在矛盾。因为在进行管理改进的前期,对于参与的管理层和员工而言,既要参加管理改进理论和方法的学习,又要开展日常工作,这对他们来说是很大的一种挑战。不论什么企业都不会让员工丢掉工作,只进行管理改进小组的学习与工作。最好的模式也只是稍微减少了一部分工作量,但与整个管理改进项目的推进相比,还是大大地增加了他们的工作量。

所以,在这种情况下要解决工学矛盾,管理者和领导人要强调管理改进的重要性,短期的学习、探索和实践是为了回到科学、合理的管理轨道上来,让企业回归管理的本质,管理改进会对企业长期管理起到根本性的作用。所以,团队成员一定要有效地安排好日常工作,有充足的时间参与到管理改进项目的推进中来。

员工的不理解

管理改进小组中的很多成员不明白为什么要进行管理改进,他们不明白为什么要学习并参与到管理改进项目中。管理改进系统对管理的思路、管理的行为、管理的推进和评估都有很大的价值,这些都是高层可以看得到、摸得着的。对于管理者和领导人而言,他们能体会到管理改进系统带来的价值。

但是,参与的基层员工不一定能够理解。对他们来说,明显的是增加了大量的数据测量与统计工作,这是他们原来不习惯的,他们体会不到管理改进的价值,所以可能会提出一些异议:管理改进项目对他们而言产生的价值是什么。

因此,要使他们理解管理改进系统对他们未来的影响,特别是为他们将来有可能成长为管理者所带来的价值。同时,领导人和责任人要及时了解员工的心理变化,加强鼓励,最好在管理改进小组成立之初就确定好奖惩制度,并坚决执行,奖要大于罚,这样才能调动员工的积极性,必要时可以辅助物质激励等。要激励员工不断投入到项目中去,以达到管理目标。

数据的困扰

管理改进过程当中最大的障碍之一就是数据的完整性和数据的真实性。大部分企业缺乏系统化的、有关联性的并且能够带来结果性的数据。

数据的采集、统计和分析也是很多企业管理者不擅长的，甚至很多企业没有专门的运营部门做这部分工作，而由相关业务部门的管理者或者随便招聘一个助手自行去制作，无论是从时间上还是从精力上、专业上，都是不合适的。那么，统计出来的数据是否具有价值呢？企业管理者该如何应对这种情况呢？

首先，要强调数据统计的重要性，没有数据就是盲人走夜路，没有方向，没有标准。所以，管理者和责任人要经常强调数据管理的重要性，把数据管理、绩效管理和绩效考核结合起来，用可测量的数据来评价员工的能力和绩效，从而强化数据管理在企业中的价值。

匮乏的知识

在管理改进项目的推进过程中会存在一些知识储备不够的障碍，主要表现在一些关键策略和方法上，大部分成员通常按照自己的习惯，走老路，没有创新，无法贡献更有价值的策略和方法。

跨界的作用被忽视

改进顾问是管理改进问题和项目的责任人，在每次进行研讨之前需要提前布置好任务，即给每位成员一周或者半个月的时间提前准备和挖掘需要解决的问题。甚至让他们进行跨界的研究和跨界的学习，许多好的策略和方法往往不是从本行业产生的，而是从其他行业激发出来的。已经经过测量、证明行之有效的策略和方法，在跨界学习和使用时往往具有更好的效果。

总之，管理改进小组是临时性的管理改进任务型的小组，成立管理改进小组是完成企业目标的有效手段和方法。当能同时成立多个管理改进小组时，企业就可以在年终举行的管理改进研讨大会上，让每个小组围绕本年度本小组的管理改进项目的立项、定位、目标、方法、过程，以及所遇到的障碍、解决问题的过程展开总结和研讨。多个管理改进小组的工作初见成效以后，也可以将这些小组统一归在一个专门的管理改进部门之下，统一规划、整体部署、阶段完成。

总结与研讨不仅能对各小组的管理改进工作进行总结、提炼，还能相互交流、相互学习，从而加强企业管理改进文化，提升管理改进技能。

领导人的"约法三章"

成立管理改进小组后，为了保障整个项目的顺利进行及项目的有效性，并达到预期的效果，组织必须对项目发起人，也就是领导人，进行"约法三章"。

一个项目成败的关键往往取决于领导人的态度，领导人的态度主要体现在对项目的高度认同和坚持上，因此，在项目前期需要领导人对项目有如下的基本承诺。

必须亲自了解管理改进的价值和意义

领导人要亲自了解并理解管理改进对企业战略发展的价值和意义。管理改进围绕的是组织的改进。什么是组织的改进呢？这是我们首先需要弄清楚的问题。一个组织的改进是围绕以下三点展开的。

组织机制

组织机制是指组织的盈利模式和分配模式的建立。盈利模式在管理改进中强调的是基于战略的各种业务支撑的分析。在管理改进系统当中，本着一切均生意的原则，从客户端开始进行研究，整个组织的生意模式到底是什么，什么样的生意能够支撑起组织现在和未来的发展。后勤保障部门只有建立属于自己的生意模式，才能支持前端业务部门创造价值，有效地服务客户，获得企业利润。所以，组织的盈利模式是一个系统的模式，从前端客户到后端支持部门，甚至到供应商，领导人要在整条价值链上对组织的盈利模式进行重新设计。

同样，组织中的分配模式也是非常重要的，领导人需要在关注各部门建立自己的盈利模式时，对利益分配系统进行梳理。每个部门在创造价值的同时也要获得利益。

利益分配的原则、手段、模式、比率、先后顺序都会影响组织的发展。因此，作为领导人，在参与管理改进项目的过程时，如果能对组织的机制进行系统的梳理，确定该不该的问题，会更加有效地优化管理改进的环境，提升管理改进参与者的信心和积极性。

组织能力

组织能力体现在三个方面：产品、流程标准、人才培养系统。大部分企业是如何理解核心的产品和服务的呢？大部分企业把自己交付的产品理解为有形的产品。一家生产、销售手电筒的企业认为他们的产品是手电筒，而不同部门定义他们的产品是不一样的。生产部门提供的产品是手电筒，人力资源部门提供的产品是合格的员工，销售部门提供的产品是合格的方案，质量管理部门提供的产品是隐患的消除。不同部门交付的产品是不同的。产品的交付不仅包括产品本身，还包括产品交付的流程和标准，它们同时构成了客户的整体体验。

因此，领导人更应该关注的是交付的过程，而不是交付的产品本身，这是各个部门交付产品的标准和流程共同构成、共同负责的。

人才培养系统

人才培养系统是核心人才队伍的建立。如果没有流程和标准，企业的人才培养就是经验的传递。企业通常采用"师傅带徒弟"的方式，如果师傅没有标准、没有流程，培养员工的过程就会变得漫长，并且能力各异，也就无法满足企业"大规模、高标准"的人才需求。因此，人才培养系统取决于组织的标准、组织的流程的建立，从而通过快速复制人才去提升组织能力。

一个具有高效组织能力的企业，通常可以以更低的人力成本创造出更多的利润和收入。企业可以把更多的增量利润中的一部分作为奖励分配给员工，员工的整体收益增多了，才会激发员工的积极性，才会有更多的员工愿意加入企业。当企业有新产品、新业务、新市场需要开拓的时候，也能找到更多的独当一面的人才。

当组织成员都聚焦于发展与进取的时候，整个组织的氛围会变得更加积极和向上，由此带来组织留住人才的三个方面：待遇留人、事业留人、情感留人。所以，核心队伍的沉淀就是强调在企业发展过程当中，企业每开发一项新业务，首先考虑是否有合适的领头人。人才是企业的脊梁，企业的核心人才在关键时刻支撑企业的发展，能够协助企业在环境发生改变的情况下进行有效的变革、转型、升级。

要承诺对项目过程时刻关注并深度参与

管理改进是重塑组织领导力和执行力的过程，领导人的参与会提升员工的积极性，保障项目的有序开展，消除员工的顾虑，积极稳妥地解决项目中存在的困难，从而达到预期的效果。

管理改进小组本身就是一个实验室，意义在于通过管理改进小组的实验，去识别、界定、寻找组织中存在的关键问题，提高整个组织的效率。

领导的决策信息是100%，传递到中层只有70%，到基层又只剩中层的70%，实际上和领导的决策信息相比只有 100%×70%×70%=49%；从基层发生的问题100%向上传递，传递到中层只有70%，到高层又只剩中层的70%，实际上最终从基层传递到高层的问题也只有49%（见图6.3）。

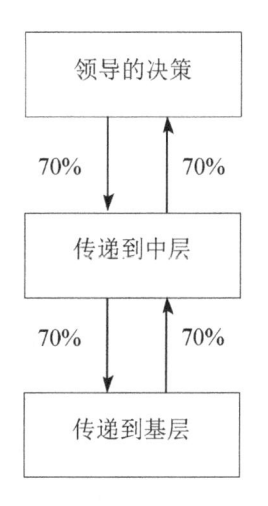

```
┌─────────────┐
│  领导的决策  │
└─────────────┘
   ↓      ↑
  70%    70%
   ↓      ↑
┌─────────────┐
│  传递到中层  │
└─────────────┘
   ↓      ↑
  70%    70%
   ↓      ↑
┌─────────────┐
│  传递到基层  │
└─────────────┘
```

图 6.3　决策与基层问题的传递

分析图 6.3 可以得出，高层的一项决策最终真正落地解决也就是 49%×49%，大约 25% 的概率。所以，企业需要寻找这些关键问题，通过识别这些关键问题来提高效率。可是企业又不能停止生产去做研究，这就需要在工作中进行研究和学习，由此才能产生管理改进小组。管理改进对于领导人来说是极其重要的一项工作，通过管理改进小组能够研究、识别、确认企业当中的关键问题，然后反过来再推广、运用到整个企业中，从而大大地提升企业的业绩和效率。

因此，企业领导人要非常重视、关注项目，并深入参与。时刻关注才能知道项目的进展，了解员工的心理变化，追踪发现的问题；深度参与才能找到解决问题的办法，参与制度和流程的变更，参与策略和计划的制定，最终实现业绩的提升。

对项目的推动始终保持积极的态度——保持，支持，坚持

在项目实施的过程当中，领导人的一言一行都会对项目产生很大的影响。有时候领导人不经意的一句话会关系到项目的成败。

我们曾经遇到一位企业领导人，他的企业已经处于亏损状态，他一门心思想着资产重组、寻找投资人等，没有根据企业本身存在的问题寻找解决办法。我们团队进驻后，企业领导人也一直抱着将信将疑的态度："这个项目你们就看着做吧，能做到什么程度就做到什么程度。"可想而知，企业的员工也完全没有把项目放在心上，这严重影响了员工的积极性和配合度，导致项目推进非常缓慢，收效甚微。企业领导人在多次碰壁的情况下几乎绝望，在我们多次的沟通、强调和鼓励下，他最终从绝望中看到希望，下定决心实施管理改进项目，很快就找到了企业的症结，最终实现了扭亏为盈，投资人也不期而遇。

上述案例告诉我们，企业领导人的态度和举措非常重要，仅仅关注项目还不够，仅仅参与项目也不够，还必须有一个积极的态度。

总之，管理改进项目是一个系统的过程，更是一个循序渐进的过程，而在整个过程中领导人不经意的一句话或者一些不合适的行为，就会导致员工对这个项目失去信心或误解项目本来的含义，从而导致项目的失败，这是一件非常令人遗憾的事情。

对于领导人而言，在认知上要加强对管理改进项目的理解，用积极的行为和语言鼓励员工投入到管理改进工作中。无论员工存在多少质疑，领导人都要保持积极的态度，要以身作则，围绕各部门的关键问题在政策、资源、精神上大力支持，支持管理改进项目的不断推进，奖惩分明，坚持到底，直达结果，直达目标。

过程数据的真实性

管理改进的目的是实现战略目标，所以要不断验证策略和计划的可行性、正确性。如果一个阶段的结果数据不准确，也就是过程数据不准确，是很难发现问题并做出调整的，或者说可能会做出错误的调整。因此，阶段数据、过程数据的准确性尤为重要。

为保证结果数据的真实、有效、完整，过程数据必须是真实、有效、完整的，具体操作方法如下。

计划执行需要把任务分解到最小单位，按最小统计时间填报。个人需要按天填报，按周或月统计，将每周或每月（根据各业务单位的经营规则）的过程数据和目标值进行对比，这样才能及时发现阶段偏差，及时发现策略或计划中存在的问题。如果不监控过程数据，等到结果值已产生才发现问题，此时战略目标已经很难完成，也基本没有补救的时间。管理改进小组配套的制度和奖惩政策必须要求员工包括责任人对填报的数据负责，一旦发现虚报数据，严格执行奖惩制度。奖惩制度在管理改进小组的工作中尤为重要，既是领导人支持项目的策略，也是保证项目顺利执行的法宝。管理改进是一个长期的过程，数据的获取也是一个长期且艰巨的工作，若半途而废，则项目必败，所以项目数据的真实性、准确性尤为重要。只有制定奖惩制度并坚持执行，员工才能有高效的配合度，才能积极推进项目，完成计划和策略，收集、整理、分析准确真实的数据，最终提升企业的业绩。

IPO改进复盘法

复盘是围棋中的术语，管理改进小组要对计划实施的结果进行复盘，复盘的目的是什么呢？联想集团最早引入"复盘"是在20世纪80年代，那时候更多的叫法是"总结"，但做法类似于复盘，强调目的性强、退出画面、看画面等。这个过程不是一蹴而就的，而是从上到下、层层扩散的过程。

复盘是联想成长和团队提升能力的重要工具，柳传志曾说："学习能力是什么呢？不断地总结，打一次仗，经常地'复盘'，把怎么打的边界条件都弄清楚，在一次次总结以后，水平自然越来越高，这实际上算是智慧，已经超出了聪明的范围。"

IPO改进复盘法将围绕目标、预算、策略、计划、投入和结果六个方面进行业绩过程的回顾和改进，步骤如下。

第一步：评估目标和结果的差距

部门责任人首先要说清楚一级问题的目标和结果之间的差距，然后分析差距是由哪几个二级问题的差距构成的，这样的差距会给一级问题的短期、中期和长期带来什么样的影响，该差距会对其他部门的生意结果造成什么样的正面和负面后果，同时这样的结果会对员工、客户和供应商产生什么样的业绩影响。

第二步：反思策略和计划执行的偏差

回顾上一阶段的选择并确定最佳策略的过程，在具体实施中发生了什么？策略意图实现了吗？哪些原因导致了策略意图的变形？当初设计预案了吗？预案启动后又发生了什么？是策略还是计划执行导致的偏差？计划中的哪几步产生了偏差？是什么原因造成计划执行不力？接下来如何保证策略和计划的顺利推进？

第三步：统计预算和投入误差

回顾当初预算的制定过程，评估预算的科学性和合理性，投入是超过了预算还是低于预算？造成预算误差的原因分别是什么？接下来如何调整预算和投入。

第四步：将经过验证的经验和教训转化为流程的细节

细节决定成败，细节藏于标准，组织的成熟取决于企业长期的知识和智慧的有效沉淀，这个沉淀的载体就是流程中的细节。策略在没有经过验证之前被称为"假设"，经过验证后才能转化为企业的知识和智慧。如果能将每次月度总结后的经验和教训转化为流程中的细节，日积月累，企业就会具有强大的组织智慧，对组织复制和人员培养起到巨大推动作用。

针对 IPO 改进复盘的周期，越是不成熟的团队，复盘的周期就越短，新的刚刚组建的团队可以采用每日复盘法，与责任人共同讨论今天的目标、过程、结果、费用，以及明天的计划、预算。每日复盘可推动团队责任人进行全面的、系统的、持续的思考，经过阶段辅导后可以每周复盘，成熟团队可以一个月复盘一次。

相对于常规的管理，公司级对部门级的复盘为每月一次，部门级负责人对基层的复盘为每周一次，主管对新员工的复盘可为每天一次。

不可缺失的"过程专家"

在管理改进项目的推进过程中，需要"改进顾问"这样的角色。一个项目能否成功，取决于改进顾问和企业内部团队之间能否通力合作。很多人会质疑：改进顾问并没有在我们这个行业工作过，对现状也不够了解，他们凭什么帮助我们解决问题、改进业绩呢？在这里，需要提出"内容专家"和"过程专家"两个概念。

管理者在某个行业工作很多年，对这个行业的政策、产品、市场、人员、技术等方面形成了自己的深厚经验和感觉，他们可以被称为这个行业的专家，只是我们通常把他们定义成"内容专家"，因为他们的行业经验和感觉是在过去形成的，他们能够基于过去的经验和感觉应付眼前的麻烦。但是面对未来的麻烦，他们却不具备相应的经验和感觉，要应付未来的麻烦需要和另一个专家进行合作，我们称之为"过程专家"。什么叫过程专家？过程专家是指那些不依赖于某个行业的经验和感觉，面对新的市场、新的客户，做新的产品，带领新的团队有效地从现状做到结果的专家。过程专家依靠的是过程系统、过程逻辑、过程原则及过程理念等。

第 7 章

评估E：
评估改进效果

评估的基础：回归"人性"

一切均生意

所有的投入都要有产出。企业要对自己的绩效方案进行过程性的评估和结果性的评估，这些评估不仅可以验证企业的方案、计划的有效性，还可以增强参与者的信心和相关领导者的"发心"，推动企业的管理改进工作，让更多的人有信心、有热情、有愿望成为管理改进顾问，从而不断地发起更多的管理改进项目，推动整个组织健康、持续、稳定的发展。所以，绩效评估不仅是业绩评估的需求，也是企业在每个阶段不断改进的动力。

做事的科学，做人的哲学

在业绩评估的时候，企业往往会发现评估效果并不好。到底是重点评估做事的对错，还是评估做人的优劣呢？很多时候是因为人没做对，导致事没做成。所以，仅仅评估做事是不够的，同时要从做人的角度去评估：越往基层走，越要关注做事过程的评估；越往高层走，越需要关注做人反思的评估。

做人的哲学评估如表 7.1 所示。

表 7.1　做人的哲学评估

内　容	关　注　点	评　估　点
精神追求	要到哪里去	企业愿景
角色属性	我是谁？为了谁	企业使命和战略
价值观	什么是最重要的	企业价值观

做事的科学评估如表 7.2 所示。

表 7.2　做事的科学评估

内　　容	关 注 点	评 估 点
能力	能不能	胜任力模型
行为	做不做	标准操作程序
环境	许不许	制度和政策

神性：敬畏和探索

我们对神性的理解是敬畏和探索，所有美好的事物都包含了神性，这里的神性也指"精气神"，是管理改进的灵魂所在，管理改进就是修身。古人云"修身、齐家、治国、平天下"。一切是为了什么呢？万法归宗，都是为了修身，修身就是为了修行，就是为了让我们的内心更加安逸，让我们的工作更加顺畅，让我们的生活更加幸福、快乐。

修身修的是心性。王阳明在蛮荒但安静的龙场悟出了"圣人之道，吾性自足"，即人人皆有良知。而在血腥的沙场和险恶的朝堂，让龙场悟道实际发挥作用的是"知行合一"。稻盛和夫曾说："修炼心性，拓展经营。"敬畏，是对自然、对承诺、对规则、对生命的敬畏。所谓"人在做，天在看，举头三尺有神灵"，每个人都有自己的原则和底线，要用内心的高贵驱动自己的行为。无论在人多的地方还是独处时，做事情都不可以违背自己的原则和底线。

同时，我们要对未来、对事业、对人类社会的发展有探索心。我们要敢于创新、敢于创造，让自己、让他人发挥更大的价值。拥有这样一种神性的追求，那种兽性的贪婪和恐惧就会慢慢地被修炼掉。工作就是一场修炼，生活也是一场修炼。

人性：守本和真心

人性的特点就是守本、真心。人性强调的是：作为人，我们应该追求什么，应该遵循什么，应该思考什么；作为人，我们应该安守什么本分。我们应该对别人、对自己、对社会、对组织保持一种真诚的、自在的状态。

稻盛和夫曾提出"作为人，何谓正确"，从人性的角度出发，我们思考任何问题的起点，都要回到"作为人，何为正确"上，从小到大，我们接受的教育就包含了勇敢、真诚、感恩、孝敬、关爱、慎独、担当、反思、守信等优良品质。面对客户，我们要坚守长期的承诺；面对员工，我们要成为合作伙伴，而不是把他们当作牟利的工具；面对自我的内心，我们要常反思、常精进，回到一个"真"字，这样才能真诚地面对他人，才能真实地面对这个社会，才能简单地表达自己，成为有尊严的管理者。

企业家能不能引导员工达到回归人性的状态，自己要先表率。通过对守本、真心的认知，让组织中的每个责任人都能成为自己工作的主人，自己设定目标、统计测量数据、获得真实的数据。用真实的数据改进下一步的策略、计划和行动，从而改进结果，因为我们每个人都是管理改进的责任人。

兽性：贪婪和恐惧

我们发现很多企业管理者在做管理改进和绩效管理工作的时候，很容易偏向"兽性化"，兽性化表现为贪婪和恐惧两个方面。管理者通常采用俗称为"胡萝卜加大棒"的激励手法，胡萝卜容易激发员工的"贪婪心"，而大棒容易激发员工的"恐惧心"。简单粗暴的管理方式容易将曾经优秀的年轻人培养成"白眼狼"，终有一天，他们会离我们而去，说我们的坏话、挖我们的墙脚、损我们的品牌。面对这样的员工，作为管理者，不应抱怨和反击，而应反思自己当初面对这些员工时的发心。我们不仅要给客户提供更好的产品和服务，还要为社会培养更多的具有优良人格的员工，这也是管理者的使命与责任。

谁更需要管理改进

谁更需要管理改进？是我们每个管理者自己，不同阶段需要不同方式的管理改进。人性、兽性和神性没有褒贬之分。因为三者都是人的自然的存在，关于"人之初，性本善还是性本恶"的话题争论了很多年，真相是"人之初，善恶同在"。人是生活在环境中的动物，后天的环境会更多地激发人的善意或者恶意，因此人生就是一场修炼，每个人都需要在生活、工作中，在不同的环境下认知自我和外部环境的关系，从而平衡内心中三者之间的关系。

当新员工进入公司时，我们要鼓励或保护他们的兽性；对于员工而言，完成自己的绩效目标就是对团队最大的贡献，因为为了自己和家庭的利益而拼搏是天经地义的事情。我们引导新员工产生积极进取之心和斗志，才有利于培养他们的优良品质。

当员工成长为管理者时，我们要推动大家从利他的角度，去帮助别人创造价值。但是，我们看到很多管理者也是从英雄式的员工成长起来的，他们在成为管理者之后，没有进行有效的升级和转型，还是停留在利己的角度思考问题、做事。虽然他们同样能够创造很好的业绩，获取高额的利益，也能够获得别人的佩服，却很难获得他人的尊重。管理者需要通过帮助他人来成就自己，所谓"大家好，才是真的好"。如果管理者没有转型成功，他的发展道路也将面临巨大的挑战。

到了高层，我们需要围绕更广泛的利益相关者开展工作，为他们谋取更长久的利益和价值，所以就需要有更高的境界和认知，不能仅计算小账。过去有付出就有回报，到了高层，付出了不一定就有回报，甚至还会遭到他人的误解，管理者需要把这些当作自我修炼的过程，以精神的力量修炼自我高贵的内心，这样才能成为一盏灯，照亮更多的人。

对于组织中的"神性""人性""兽性"，重要的是找到管理者管理改进的发心，因为你的心在哪里，这个力量就在哪里。

问题结果性评估：从结果到动作

一切均生意，要及时对生意的过程和结果进行评估。评估不仅是为了奖惩，还是为了改进绩效。

从管理改进设计之初，我们就要开始进行评估的规划。每个责任人面对战略目标都要设计这些问题：要达到的战略结果是什么？战略结果需要哪些职能的结果来支撑？责任人是谁？达成职能的结果分别需要哪些驱动要素来实现？如何测量且统计这些数据？哪些策略是最佳策略？要实现的关键动作有哪些？计划如何匹配这些策略和问题？如何及时发现它们的关系偏差？

只有这样，后面的评估才显得有价值。因为评估不是目的，评估是支持持续改进的一种手段，包括过程性评估和结果性评估。过程性评估比结果性评估更加重要，因为过程性评估是计划实施之前和计划实施过程中的评估，对策略和计划的修正具有积极的意义。结果性评估是计划实施之后的评估，对于结果性评估的结论，更多的只能是面对和接受了。

评估从设计开始，设计步骤如下。

P1阶段，一级问题，对结果的评估

这个阶段的结果是客户需要的。通过多、快、好、省的价值导向，能做到对一级问题的量化评估（见表7.3）。当前没有能够量化的，不是不能量化，而是没有找到量化的方法。

表7.3 一级问题的量化评估

一级问题属性	评估方式	评估周期	评估主体
规模：多	用绝对值量化	年、月、周	主管评估
效率：快	用时间值量化	年、月、周	客户评估
质量：好	用比率值量化	年、月、周	客户评估
成本：省	用绝对值或比率值量化	年、月、周	财务评估

"好、快、省"都可以转化成标准,作为"多"的定语。所以在设计的时候,就要确定"多"的目标和"快、好、省"的标准。

P2阶段,二级问题,对驱动要素的评估

驱动要素最重要的特点之一是SCRM。这与评估有什么关系呢?

S是稳定性,让数据有对比评估的可能性。如果没有稳定的数据,长期评估的这种对比关系就无法确定。

C是可控性,在找到了评估的主体后,确定谁是主要责任人,评估谁。

R是结果性,驱动要素评估的结果要与一级问题的结果有关联性、指向性。

M是可测量,能够对所有的驱动要素进行测量和评估。一级问题和二级问题的评估为结果性评估的内容,前者是对职能的绩效结果进行测量,后者是对驱动要素的结果进行测量。

P3阶段,三级问题,对动作的评估

三级问题的评估有两个目的:一是评估出三级问题的动作偏差,从而找到关键的动作,为下一步的策略调整提供输入;二是根据三级问题的动作标准进行评估,找到团队或员工存在的动作偏差,从而确定团队或员工的能力差距点,为下一步提升团队或员工能力提供输入。

策略改进评估的举例

围绕"潜在客户数"的二级问题,销售部门的策略改进评估如表7.4所示。

表7.4 策略改进评估

部门级动作	收集信息	符合标准	有效接触	获得认可	有效登记
指标	200个	80%	40%	30%	95%
实际值	200个	85%	30%	32%	95%

能力改进评估的举例

根据部门级的动作目标，再结合员工人数和资源现状，将部门级的动作目标分解给各个员工，使成为他们下一阶段工作的动作目标（见表7.5）。

表7.5 能力改进评估

单位：个

部门级动作目标	收集信息	符合标准	有效接触	获得认可	有效登记
	554	442	177	53	50
A员工	230	184	74	23	22
A实际值	245	192	75	25	23
B员工	139	111	45	13	12
B实际值	145	116	46	14	13
C员工	110	85	34	11	10
C实际值	110	85	28	10	9
D员工	90	72	29	9	7
D实际值	95	75	18	6	4

注：实际工作中，为了保证目标的完成，管理者在分解目标时，要求每个员工的目标数加总后超过管理者设定的目标数。

以上的数据表明，C、D两位员工在解决"潜在客户数"这个二级问题时，"有效接触"这个动作全部不达标，而A、B两位员工"有效接触"这个动作却能够超额达标。这说明C、D两位员工在"有效接触"这个动作上的能力需要提高，管理者要专门针对他们在这个动作上的能力进行重点关注和培养，只有在这个动作上的能力提升了，他们的绩效才能提高。

执行过程性的评估

评估策略

找到正确的问题之后,接下来要寻找最佳的路径。在寻找最佳路径的过程中,评估路径的正确性需要在选择策略的时候进行有效评估。超越个人和组织的经验跨界学习,借鉴其他行业、其他企业在解决类似问题时采用的创新型策略,这些方法能够为我们所用、启发我们的心智。

同时在多个测试当中,我们需要通过数据的评估、数据的观察、数据的测量、数据的比对,选择最有效的策略。最有效的策略的选择原则就是投入和产出的比率。我们要选择那些投入最少但产出最大的策略,这些策略能够成为我们下一步行动的依据。策略评估对业绩改进至关重要。因为好的方法,可以让我们的团队事半功倍,而差的方法能够让我们的团队事倍功半。所以作为管理者,对于策略的选择需要提高到更高的层次上,要更加重视策略选择这个环节。"一将无能,累死千军"是指错误的方向和错误的策略会对员工的精力、资源和信心造成消耗。

酒店婚宴开发策略评估

塞纳河畔酒店集团创建于 1995 年,现已发展为拥有十余家酒店、宾馆、休闲娱乐、文化旅游度假区等的综合服务企业。企业旗下拥有塞纳河畔、桃花潭畔两大运营品牌,秉承"漫步塞纳河畔,品味美妙人生"的服务箴言,在"真、善、美"的核心价值观的引领下,塞纳河畔人一直努力让每位客人享受"诗意山水、仙境人生"的体验。其营业面积超过 10 万平方米,能够接待大型会议、家庭宴会和各类散客。该酒店凭借特色主题婚宴的设计获得大量新人的青睐。为了获得更多婚宴的"潜在客户数"和更高的"成交转化率",塞纳河畔酒店集团均采用"婚嫁博览会"的策略,即运用集团旗下酒店的场地优势,多店联动,联合婚嫁行业上下游合作伙伴,包括婚纱摄影、婚庆材料、婚庆公司等机构,共同举办盛大的"婚嫁博览会",为即将举办婚礼的新人提供一系列解决方案。

这样的策略在实施数次之后,应该如何对这个策略进行评估和改进呢?策略评估反思表如表7.6所示。

通过以上的评估,企业发现"婚嫁博览会"的策略对"收集信息""获得认可""有效登记"三个方面的效果非常明显。"符合标准"和"有效接触"两个方面的效果还不够,主要原因是大量新人获得邀请函之后,自己无法参与,于是将邀请函转给家人或朋友,导致参与人员不精准;同时,现场人员超过千人,集中接待和沟通做得不是很好,被低价值客户消耗太多精力。经过改进后,优化措施有两个:一是采用电子邀请函,明确凭新人照片刷脸入场,从而减少代替参会的人员;二是对参加活动的新人进行分级服务,重点客户单独沟通,非重点客户集中交流,从而保证具有精准需求的客户能够得到充分的服务和交流,有利于成交。

评估计划

有效的策略是否能够得到有效计划的支撑,这一问题在整个过程的评估方面同样重要,步骤的设计关键在于闭环。设计的这些步骤是否有准确的产出、是否有时间顺序、是否能够指向业务结果和管理策略;最重要的一点是,是否能够弥补当初的问题的偏差。通过这几个方面的评估,可以修正计划的有效性。

评估E：评估改进效果 第7章

表7.6 策略评估反思表

驱动问题	策略	评价	收集信息	符合标准	有效接触	获得认可	有效登记
塞纳河畔酒店将提升婚宴在客户数，从600组提升至1000组	联合婚嫁合作伙伴举办"婚嫁博览会"，为新人提供一系列服务	评分	8	4	5	7	9
		理由	通过多店联合，能够采集足够的信息	发出的入场券被家人或朋友代替参与	参加活动人数大于咨询人数，难以深度交流	经过现场体验和交流的客户认可率都比较高	通过发放礼品的方式均能够登记到准确信息
	是否有更优策略	评分		7	8		
		理由		采用电子邀请函，刷脸入场，将为参加活动的新人提供分级服务，重点客户非重点客户集中交流	明确凭新人照片，重点客户单独沟通，		

注：1. 以上的评分为10分制；2. 由团队进行评估。

酒店婚宴开发计划执行评估

塞纳河畔酒店集团在推进"婚嫁博览会"策略的过程中,需要不断评估该策略在实施中能够达到的既定目标,不仅要满足本集团业务目标实现的需求,还要满足合作伙伴在活动中的收益,因此需要通过"六度策略组合"对行动计划进行评估。在吸引度方面,能够吸引新人客户、合作伙伴、员工等利益相关者积极参与;在意愿度方面,能够激发利益相关者持续的热情;在畅通度方面,活动流程的执行是否顺畅、可控、有效;在规范度方面,新员工、老员工和合作伙伴在实施中是否有标准,保证客户体验的一致性;在推动度方面,如何保证在面临突发事件时,团队的处理及时、恰当且专业。这些方面都需要持续评估,持续改进。

应该如何对这个策略的执行过程进行评估和改进呢?计划执行评估表如表7.7所示。

表7.7 计划执行评估表

策略(价值度)	计划要求	评分	理由	改进措施
联合婚嫁合作伙伴举办"婚嫁博览会",为新人提供一系列服务	吸引度	8	新人客户和合作伙伴对"婚嫁博览会"的参会都很积极	加大推广范围
	意愿度	7	超过300组新人客户主动领取邀请函	推动新人转介绍,给双方共同积分
	畅通度	5	客户反映就餐环节比较无序	将自助餐设定在三个区域,并分时供应
	规范度	4	在填写信息领取奖品环节中信息不完整	将信息登记表设定"必填项",作为发奖品的依据
	推动度	7	接待过程比较顺利	保持并设计操作手册

注:1. 以上的评分为10分制;2. 由团队进行评估。

> 通过以上的计划执行评估，发现客户在用餐的环节比较无序，主要是因为就餐时间集中、人数多，未来将午餐地点分为三个区域，通过就餐券的颜色将人群分流，同时，将就餐时间分为2～3个时段，引导先行入场并完成参观交流的人员提前就餐，从而保证就餐秩序更加流畅。另外，参加活动的人员在领取奖品时需要填写表格，但信息填写的完整性和准确性有待提高，经过改进，将登记表在电脑中设计"必填项"，填不准确无法出票，则无法发放奖品，从而提高信息填写的质量。

所以在标准评估当中，评估的几个方面有：一是评估员工的行为是否准确，二是评估员工是否掌握了这一套标准，三是评估标准是否匹配新的环境、新的客户需求。

如果有需要，要对原有标准进行升级和修正，进一步支持员工在新的环境、新的客户需求变化中有行为方面的改进。

评估能力

员工是否具备某项工作的能力，是指员工能否按照该工作的 SOP 来进行操作。SOP 中包含了三个要素：SOP 的宗旨指向的是该程序的认知能力，比如"与客户有效接触"的宗旨为"专业"，意味着在实施"与客户有效接触"时，员工要始终保持"专业"的认知；SOP 的步骤指向的是该程序的行为架构能力，每个员工在推动"与客户有效接触"时，要清楚地知道需要执行"预约、拜访、探询、澄清、记录"等基本架构步骤，才算完整地执行该 SOP；SOP 的标准指向的是该程序的行为实施能力，包含了每个执行步骤的最佳实践标准，对实践标准的掌握和实施的程度，决定了员工的能力等级。

过程评估的要点

过程评估，主要是评估员工每周或每月的工作是否符合过程标准，需要按照驱动要素进行评估。首先，按照该岗位的驱动要素设计一个合格员工的标准值；其次，对每个驱动要素的权重进行分配；最后，统计该员工的实际值。例如，酒店会议销售经理的过程评估标准如表 7.8 所示。

表 7.8 酒店会议销售经理的过程评估标准

驱动要素	标　准	权　重	实　际　值	计　分
潜在客户数	20 个	30%	24 个	0.36
一次成交率	50%	30%	60%	0.36
潜在客户数	4 次	10%	5 次	0.125
合作转化率	50%	10%	60%	0.12
次均参会人数	50 个	10%	80 个	0.16
人均消费额	500 元	10%	650 元	0.13
合计				1.255

根据以上的核算，该员工的分数为 1.255 分，这种对"合格的员工"的评估，也适用于其他的部门和岗位。

结果性的评估

一切的改进，都要用结果来证明

结果性的评估，又分为长期结果的评估和短期结果的评估。长期结果的评估需要用组织的战略和部门的一级问题来进行评估，要看组织的战略方向、战略目标是否能实现，每个部门及组织的战略所关注的一级问题是否有交代。比如，基于战略需要，销售部门要交代的结果是销售额，生产部门要交代的结果是产能，人力资源部门要交代的结果是合格的员工数，财务部门要交代的结果是低利率的融资额，采购部门要交代的结果是采购成本低于多少的采购总额等。

这些都要从长期角度来评估每个部门是否能够实现长期的结果。在长期结果的评估当中，我们还要评估环境、政策、利益相关者对结果的影响，这些影响有多少会对结果产生作用。但是，评估的主体是这个结果的责任主体，控制这些影响和把握这些影响的程度也是责任人该做的事情。

所以，面对结果，各级管理者要遵循的一个重要原则就是说到做到。不要去找理由、找原因、找借口，在承诺结果的时候，就要意识到结果的严肃性。

结果是什么

第一，结果是支撑战略的重要支柱，如果各部门的结果不能实现，整个战略就是一句空话，所以结果的承诺是很严肃、很重要的事情。

第二，结果就是一种承诺，对责任人而言，一旦结果承诺出来，就会产生接下来工作的核心部分，存在的价值就是为这个结果而努力，一切为了这个结果想办法。

第三，结果是不能随便修改的，因为一旦战略目标确定，各部门对结果进行承诺，往往是牵一发而动全身，任何一个部门的结果的调整都会影响到其他部门的结果目标。频繁调整会严重影响组织和团队的士气，即所谓的"一鼓作气，再而衰，三而竭"。所以，管理者在达成结果这个问题上，需要养成"逢山开路，遇水搭桥"的一往无前的亮剑精神，要敢于挑战。

每个管理者的价值要用结果来证明。所以，长期结果的评估是评价一个管理者能力高低的标准。从中短期来说，小于一年的评估难以评估结果，但要评估它的过程，即驱动结果的评估。最终的结果没有大的调整、变动，但是要看一个驱动性的问题有没有变化和调整。

一个门店，它的驱动性问题是进店人数、接待人数、转化率、客单价等这几个数据在中短期是否能够有相应的正向变化，如果这个门店过去一年的进店人数持续下降，可以预见的是，如果不采取新的措施，这个门店的进店人数必将持续减少，而且还会导致销售额下降。若经过几个月的重新设计策略，下降的趋势被控制住，并且开始有上升的趋势，尽管短期业绩结果并没有大的变化，但是通过驱动性数据的变化趋势，有理由相信，这个门店接下来的生意必然会好转。

这就是评估驱动性短期结果的意义。所以，抓结果不仅是抓长期的指标，还要抓中短期的驱动业绩，"两手抓"才能保证结果完成的承诺。

第8章

GPS-IE®管理改进系统的意义与应用

组织能力的提升

战略的修正

通过 GPS-IE® 管理改进系统，可以提升整个战略实施的敏感度。如果没有整个过程的把控，在战略的实施过程中，"战略是否正确"会一直困扰管理者和员工。如果没有 GPS-IE® 管理改进系统，很容易出现：需要等战略实施的偏差已经产生之后，才可能判断战略正确与否。战略误差产生之后再连续调整与修正，其实为时已晚。

而通过驱动性问题的设计、动作性问题的设计及数据的评估，可以提前捕捉到战略实施过程当中过程性的偏差，能够寻找到环境变化的要素、组织政策的要素、流程的要素，经过分析，合理确定战略的有效性，以便提前调整。是否调整战略是由中层员工或基层员工提出，经公司高层领导确定的。无论如何，通过这套系统，可以让员工把在执行过程中遇到的问题及时反馈给公司的高层，从而为战略的实施和修正提供及时性的信息和依据。

机制的调整

一个好的机制能够带来一个好的实施效果。不好的机制往往成为组织执行的障碍。那么在执行的过程中，哪些机制是障碍？哪些机制是动力？在开始设计机制的时候，如果不是那么完美，在具体的实施过程中，具有共同愿景、共同利益的设计是否符合当初的设计愿望和设计理念呢？

在实施过程中，随着环境的变化，是否需要调整一些机制？比如，业务的驱动发生了变化，从业务部门的驱动走向研发部门的驱动等的调整，机制是否需要及时调整？ GPS-IE® 管理改进系统能够提醒高层及时优化。

流程的优化

好的组织要提升客户价值、创造价值交换和价值分配等，因此，流程的优化贯穿于管理改进过程的始终，要不断地优化自身的能力。什么样的流程才是对的？一定是基于客户导向、战略导向、结果导向的目标去优化流程。

同时，优化流程的主体首先来自基层员工的实践。他们在具体的管理改进实践中，在不断地落实任务、不断地接触客户的过程中，会面临大量的信息和挑战。基于这些信息和挑战，需要对组织的流程进行倒逼式的优化。

因此，通过一线的实践，在推动部门级的流程优化任务时，管理者要有选择地进行优化。选择哪些流程进行优化、优化到什么程度、过程中遇到利益冲突的时候该怎么决策，这些方面都要基于系统中的原则。组织流程优化的评估，也是组织能力构建的一项重要工作。

人才的复制

组织的发展有一个裂变的过程。从 1 人到 10 人、到 100 人、到 1000 人，需要具备人才复制的能力。否则，人才的培养工作不得力会成为组织成长最严重的障碍。那人才复制靠什么工具？靠的是一切以绩效为导向的人才培养体系。建立人才培养体系的前提是有人才培养的标准、人才培养的流程。而人才培养的标准和流程又来自业务的标准和流程。那么在管理改进工作中，要不断对业务的标准和流程进行优化，为人才的培养和复制提供技术依据。另外，人才复制是否有效还要考虑与之匹配的驱动性问题和战略的选择。基于战略，我们需要什么样的人，需要多少人，需要他们具备什么能力。基于战略的需要和驱动要素实现的需要，去评估人才复制的宽度、程度和速度。

管理者的转型：从"救火员"到"防火员"

关于管理者的责任，很多人认为管理者的责任是界定问题、分析问题、解决问题。其实，当我们这样认识的时候就已经为管理埋下了隐患。为什么？因为从界定问题、分析问题出发，说明问题已经产生。我们从已经产生的问题当中去界定、分析，其实为时已晚，只能亡羊补牢。同时，界定问题本身就说明我们的管理行为滞后于问题的产生。我们总是追着问题，疲于奔命，不能系统地解决问题。

理念

从理念上，我们更应该做的是提前预防问题，我们要从一名"救火员"转变为"防火员"。

怎么才能成为一名"防火员"呢？这个问题在业绩改进中已经进行了系统的介绍，就是设计、执行，是基于整个系统，从一开始就设计防控体系。

从战略目标开始，要对一级问题、二级问题进行整体化的设计、测量。通过对数据的测量，能及时发现整个企业和各部门在战略实施过程中的阶段性偏差，通过提前掌控这些偏差，能够做到提前准备好预防措施和计划，从而消除问题的隐患及隐患造成的事故。

能力

"救火员"和"防火员"的能力也是不一样的。"救火员"强调的是快速反应、呼之即来、来之能战、战之能胜，他的能力就在于快速反应。而"防火员"的能力在于结果控制，更偏重于体系的设计、建设及问题的分析。所以对组织来说，既需要"救火员"解决紧急性的问题，也需要"防火员"设计指向未来的措施。

区分重要的、紧急的事

"救火员"和"防火员"能力的差距，就是区分紧急的事和重要的事之间的差距。

重要的事情指向未来，从组织长远发展的角度出发，实现组织的战略、愿景和使命。各部门到底要实现什么样的结果，才能支撑整个组织的战略实现。只有站在未来，我们才能扫清眼前的障碍设计未来，同时把愿景转化成可控制的驱动要素。

重要的事情都是基于未来的，从紧急的角度来讲就是基于现在。我们当前有什么样的症状，碰到什么样的驱动问题，碰到什么样的偏差，需要什么样的动作，需要设计什么样的策略计划，这些都是作为管理者重点要抓的事情。把管理者应紧急的事情授权给下属，自己思考重要的事情。

从重要的、紧急的角度出发，从比例上进行调整。比如当前我们"重要的事情"和"紧急的事情"的比例为 30∶70，下一年将努力做到 50∶50，再下一年争取做到 70∶30，通过这一过程去提升我们对未来创造价值的防火型的管理机制，而不要把自己变成亲力亲为、立足于短期的"救火员"。

管理者的成长：回归五大责任

在企业人才发展中，培养高标准的过程专家式的经营人才和管理人才十分重要。总结起来，GPS-IE® 管理改进系统需要管理者掌握想、说、写、做、要五个动作。这五个动作对核心的管理人才、经营人才、技术人才的成长至关重要，也是管理者责任的最高总结与回归。

想清楚关系

一位管理者能否想清楚组织发展中的多种关系，在于是否掌握了多种关系，只有掌握了多种关系，才能平衡地处理各种矛盾。多种关系包括组织中的人、财、物之间的关系，组织中的目标、现状、过去之间的关系，自我、员工和管理者之间的关系，今天的我和未来的我之间的关系，家庭中的我、工作中的我之间的关系。只有想清楚关系，才能推动管理者更加系统地思考组织战略目标、阶段性目标、短期任务和结果之间的关系。只有想清楚关系，管理者的思维才是清晰的、稳定的、合理的。

对核心管理者的评估，主要是看在面对未来的规划时，管理者能否兼顾多种关系，从而评估管理者支撑未来发展的系统思考能力。

说清楚事实

管理者每天都要和许多利益相关者进行沟通，沟通包括陈述、表达、告知、探寻、确认等行为，同时还需要回应。管理者每天要面对老板、员工、客户、政府、合作者等，要面对多领域的交流、询问和质疑，那么管理者能否有效回应呢？这取决于管理者是否从基于事实的角度出发进行陈述和回应，如果管理者缺乏这样的能力，就很容易给利益相关者造成前后逻辑矛盾、前后方向矛盾、前后情感矛盾、前后利益矛盾的印象，造成管理者影响力和领导力的下降。

用事实说话，可以缓解上述矛盾，凡事都以数据和事实来陈述和回应，就能保证管理者在任何场合都经得起他人的质询，可以有理、有利、有节地从组织利益和合作者共赢的角度表达自己的观点，回应他人的疑问。

说清楚事实，是要评估管理者能否在多场合、多环境下坚持用数据和事实说话。

写清楚计划

无论是战略计划还是年度计划、月度计划，管理者都要从管理的角度，推动团队计划的编写、实施和总结。计划的逻辑性是指从识别问题、分析原因、选择策略、实施步骤到结果评估，管理者能把计划实施成功的一系列套路。通过评估管理者在计划能力上是否有缺失，从而帮助他们提升计划能力。

做清楚过程

管理者和团队是否有有效的行为，需要评估管理者和团队是否按计划实施。计划中碰到环境的变化、碰到其他要素的干扰、碰到一些客户的变化，管理者如何调整战略，过程是否能始终保证战略导向、客户导向、结果导向，从而评估管理者"做清楚过程"的能力。

要清楚结果

要清楚结果，评估的是管理者的坚守能力。一位有原则的管理者能区分取与舍、进与退、多与少，这是一个基本原则，而坚守这个原则，是一位管理者推动团队获得结果的重要保障。战略的游离、问题的游离、策略的游离、步骤的游离，都会带来结果的损失。所以，管理者要有坚定的目标信念，要坚定地推动团队走向长期的业绩结果和短期的驱动结果。

全新绩效管理™

KPI 的绩效管理体系有它的历史功绩，但在实施过程中，人力资源部门的作用和角色往往出现很多问题。原因在于，人力资源部门"不懂业务"，很难把控业务部门的绩效指标。因此，在每年年初制定每个部门的考核指标时，往往依靠每个部门的自我申报或多方收集，然后由人力资源部门报请公司高层认可。人力资源部门基本上是承担"二传手"的角色，有时也提供一些基于历史数据的参考意见。在与业务部门的沟通过程中，人力资源部门很难掌握主动权并提供令业务部门信服的意见和建议。全新绩效管理™的新逻辑如图8.1所示。

而要求人力资源部门"懂业务"也很难做到，因为"懂业务"基本上要求人力资源从业者成为内容专家。前面讲过，成为内容专家需要长时间实践经验的积累，所以我们应当成为过程专家而非内容专家。

由于KPI的考核指标大多是从结果到结果，其间即使有过程指标，也很难建立量化的逻辑关系。在考核季到来的时候，人力资源方面的一些平衡方法，包括正态分布、轮流坐庄、硬性分配、未来承诺等，使得很多被考核者心里不服气，但又不明说，因此他们会用下一个年度去证明"你对我的考核是错的"。至此，周而复始，恶性循环。

因此，考核指标的逻辑性就显得极为重要。有了逻辑性，我们就可以做到透明和公平。我们不再使用单一的KPI，而是根据一级问题、二级问题、三级问题，设定关键结果指标（Key Result Indicator，KRI）、关键驱动指标（Key Driver Indicator，KDI）、关键活动指标（Key Activity Indicator，KAI），分别考核高层、中层、基层，做到各司其职，泾渭分明。这些指标的设立解决了过去KPI"大锅烩"的状况，以逻辑层次和清晰的量化关系，规定职责边界，考核起来也就较为轻松、合理。

特别说明一点，GPS-IE®管理改进系统当初不是为了解决企业KPI绩效考核而研发的，而是为了解决企业实现其战略指标而研发的。但这个系统面世之后，我们发现，由于它站在了企业管理者的高度，用系统思考的方法，考虑整个组织（公司）的发展问题，反而轻松地解决了长久以来没有解决的很多人力资源管理和人力资源发展（如培训）的难题，而且是颠覆性的。关于在全新绩效管理™和培训发展方面的应用，我们会另著论述。

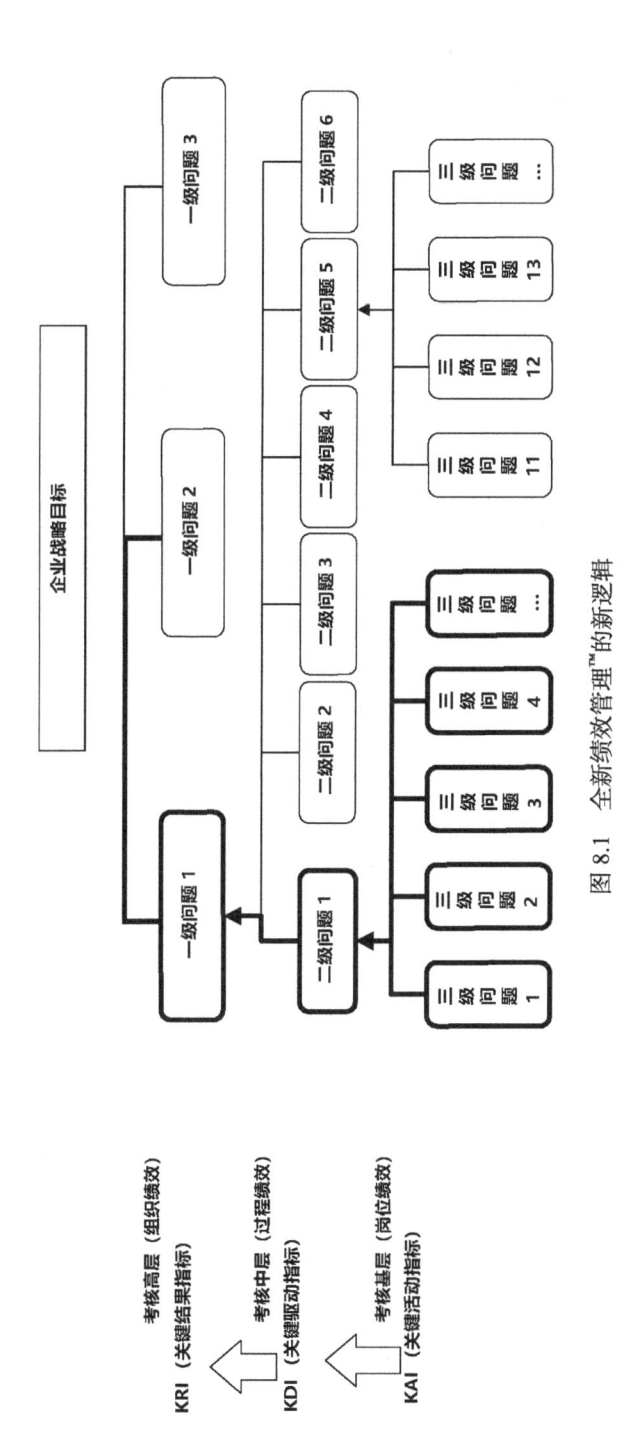

图 8.1 全新绩效管理™的新逻辑

经营行为的把控

行为的改进

行为的改进是管理改进的核心，因为改进就是通过改进行为去改变结果。行为的改进又要依靠什么呢？行为的改进依靠有效的策略和计划，只有策略和计划是完善的，才会有准确的行为。

执行的误区

从十多年前开始，很多企业就开始强调执行力，甚至有很多执行力方面的课程和图书，把执行力的焦点指向员工的执行、态度和员工的信心。但是这种方法是不可取的。不能每天给员工"打鸡血"、每天教员工学有效的方法，正所谓"兵熊熊一个，将熊熊一窝"。

如果一位执行有效的指挥官形成有效的作战策略、作战标准和作战计划，就能够极大地提升整个组织和团队行动的有效性。不能在指挥官自己糊涂的前提下，要求士兵做出清晰、准确的行为。只讲个人执行力，不讲组织执行力，就是这么多年以来企业关于执行力的误区。

执行行为

在管理改进过程中，强调的是组织的执行行为和员工的执行行为。组织的执行行为强调的是"做正确的事"和"正确地做事"，由管理者负责识别真正的问题，并找到最佳的策略组合，而员工只管对"把事情做正确"负责。在不知道事情对与错的前提下，在不知道用什么方法的前提下，单方面地要求员工"把事情做正确"，只有软弱和无能的管理者，才会做出这样的期待和要求。

所以，在管理改进行为层面，强调的是组织体系。什么是正确的行为、什么是正确的策略、什么是正确的标准、什么是正确的个人行动、正确的策略来源就是看是否找到、识别到正确的问题，以及是否找到解决这个问题的最佳路径。

管理运营的全新杠杆：虚拟货币

实现"酬功不酬劳"的"虚拟运营"模式

"虚拟运营"模式是一种全体员工共同承担企业经营责任的运营模式。以GPS-IE®管理改进系统为理论基础，依据"一切均生意"的核心理念，进行"酬功不酬劳"的变革，将员工转化成与企业利益一致的"运营体"，从而实现企业目标的达成，并且保障优秀员工的高额收益。

"虚拟运营"模式是将企业年度经营目标虚拟货币化，分解整个工作流的价值链，实现"功""劳"的区分，并提取可衡量的工作节点价值与之匹配，让"功"有价。全员皆可通过获得价值结果兑换相应的"虚拟货币"，共同承担完成企业经营目标的责任的运营模式。

该模式依据"以终为始"的设计思路，将通过深度分析业务流程，锁定承载价值的驱动要素和相应的有效动作，通过价值链分解成为所有员工设立的"虚拟经营"的资金池，鼓励员工通过自我"经营"（完成有效动作）取得"虚拟经营"的"虚拟货币"，公司将依据实际经营结果为员工兑换真实货币，从而实现重新分配。

"虚拟运营"模式的应用

"虚拟运营"模式通过"虚拟货币"的核算对相关责任人进行业绩评估、绩效核算、奖惩分配；也可以用于人员培养，目标分解，促进部门之间及企业内外部合作，促进业绩达成。

"酬功不酬劳"分配机制的建立，实现了没有价值结果就没有收益，使员工收益真正与其创造的价值对应，保障了优秀员工的高额收益，自然形成了"优胜劣汰"的内部环境。

"虚拟运营"模式让员工成为与企业利益一致的"运营体"，真正实现"管理无层级，经营无边界"，为所有员工开启直接参与经营的通路，并且可以精准地核算各业务单元、部门乃至员工个人的价值贡献。

"虚拟运营"模式多层次保障战略落地，可以引导战略、经营目标与日常工作结合；多种虚拟货币兑现机制，实现全面管控和员工积极性调动，并且指导、促进工作流和制度的优化，提升运营效率。

"虚拟运营"通过区分"虚拟货币"的功能指向，可以平衡地推进企业战略的落地，是实现企业战略意图的最佳模式。

学习与发展（含培训）

人才发展一直被企业认为是核心发展的动力之一。GPS-IE®管理改进系统始终强调做事的科学性与逻辑性，而做事的人的能力是做事效果的基本保障。因此，从这个角度来讲，人员能力至关重要。

管理改进主要培养的是核心经营人才和核心管理人才，同时可以把技术人才从内容专家转变成过程专家，从而成为专家型的技术人才和管理人才，满足企业发展的需要。同时，由于站在了企业管理者的高度，用系统思考的方法考虑整个公司的发展问题,而不是只站在培训层面想培训的事、讲培训的话、干培训的活,因此最后得到的不是培训的结果,而是业务发展所需要的工作。因此,基于GPS-IE®管理改进系统的学习发展体系就更加具有源于业务和回归业务、服务业务的特点。关于新的学习发展体系,主要从以下几个方面进行简要阐述。关于这方面的应用,我们也会另著论述。

更加系统、精准的能力差距确认

GPS-IE®管理改进系统让管理者和经营者站在了业务的高度,组织的一切管理行为,均以组织目标为导向,以结果为终点(一级问题),借助驱动要素(二级问题)和具体活动(三级问题),SOP(标准操作程序)是对三级问题之后的具体行为的分解。由于有了非常具体和细化的行为描述,因此每个动作所需要的KSA(Knowledge Skills Attitude,知识、技能、态度)清晰可见,可以以能力清单的形式展现。这个清单上的所有知识(K)和能力(S)都是每个岗位要求其任职者必须掌握的。每位员工根据这个清单进行选择,就完成了员工的能力差距分析。"清单法",标准化程度很高,非常简单、实用,大大降低了沟通和调研的成本。

传统的培训需求调研手段,如访谈法(个人访谈和小组访谈)、岗位分析法(如DACUM)、工作任务分析法、知识评估法(如考试)、观察法、360度调研法、对标法、专家工作坊、名义小组法、素质评估法等,均可以不用或减少使用,其结果作为有效的参考和补充。实际上,如果SOP和KSA分析到位的话,以上这些方法都可以省略,以节省大量的时间和成本。

建立有逻辑的课程体系

有了SOP,明白了每个动作的KSA,我们就可以对每个动作的KSA进行同类项合并,形成相关的学习目标体系,最后形成进阶性的课程体系(见图8.2)。

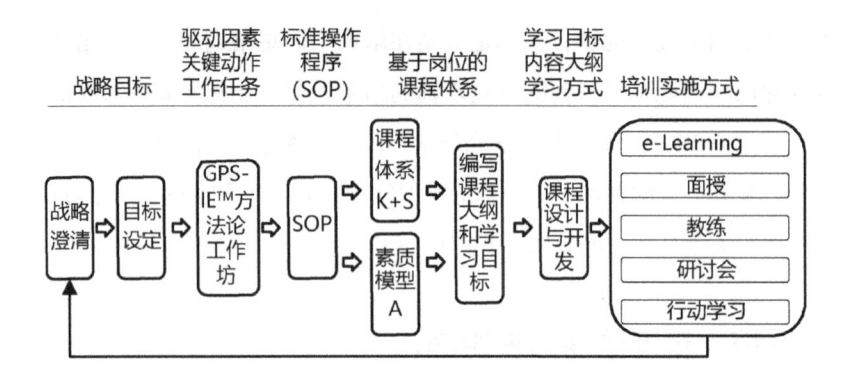

图 8.2　进阶性的课程体系

这种课程体系开发方法，从一开始就具备了以组织目标和经营结果为导向的基因，其本身就是来自业务，因此，不需要人力资源从业者再去与业务进行连接，做业务伙伴了。

全新课程设计与开发

课程设计与开发，学名叫教学系统设计（Instructional System Design，ISD），是企业培训工作和学校教育中一项不可或缺的、基础的专门技术。其中最典型的模型之一是ADDIE模型（Analysis分析，Design设计，Development开发，Implementation实施，Evaluation评估）。其中，令绝大多数专业课程设计师头痛的是需求分析，因为需求分析决定了该课程的一切，包括质量和效果，最终决定本课程是否有价值。

传统的培训需求分析法，主要包括访谈法（如个人访谈和小组访谈）、岗位分析法（如DACUM）、工作任务分析法、知识评估法（如考试）、观察法、360度调研法、对标法、专家工作坊、名义小组法、素质评估法，甚至申报法等。自从第二次世界大战以后，现代培训时代开始以来，这些方法得到普遍运用。但是这些方法也成为培训从业者的最大困惑来源之一——培训如何创造业务部门真正认可的价值。究其原因，这些方法还是较为主观的，不是真正从业务目标和业务承诺的角度出发的。培训从业者和人力资源从业者也尝试过同各种业务合作伙伴进行合作，但是很多年来效果甚微。究其原因，他们还是站在培训或人力资源层面讲培训或人力资源，而不是一开始就从业务角度出发。究其根本，就是缺少一个更加系统、一贯到底的实现企业战略发展目标的方法论，因此不得不将培训和人力资源职能割裂开来。从我们自身多年的从业经验来看，要想搞好培训，首先要忘掉培训，毕竟培训是实现企业战略目标的一个策略而已。虽然有时候培训很重要，但是绝对不能再像过去几十年那样做了；而应运用可靠、系统和逻辑的方法论，一切从实现组织战略目标出发。只有站得高，才能看得远。当我们站到一定高度的时候，当我们返回来再去从事原来的工作（如培训）时，我们反而会发现过去原来很难的挑战或难题变得相对简单了。这就是系统、高度和逻辑的魅力。

知识管理

由于GPS-IE®管理改进系统始终以业务目标出发点，用系统思考的方法，将组织的管理行为"串"起来，因此具有很强的实用性。企业的知识管理过去给人的印象是比较虚的，每家企业的做法又不尽相同，因此"看情况"的较多，行业内也没有统一的、大家都认同的知识管理解决方案。运用GPS-IE®管理改进系统，会让知识管理更容易落地。基于GPS-IE®管理改进系统的知识管理主要具备以下四个特点。

实践性。在实践中，优秀团队的问题识别能力、制定方法和策略的能力、实施和推动的能力都要沉淀下来，不断总结经验，形成案例库。用现实的案例教育企业现有员工，而不是用外国的、别人的、其他行业的案例教育员工。

匹配性。企业在当前阶段、当前环境、当前目标需要一些知识，那什么知识才是最好的知识呢？就是能够为我们所用的知识，能够有用的知识，能够用得上的知识。

适应性。在每个阶段，管理都需要有知识的更新和知识的调整。根据实践的需要，管理者应不断地提升知识的储备和范围，适应新的需要，如新员工、新客户、新供应商等。

可调整。组织的变化是无时不在的。组织的重大变革，无论是战略方向、盈利模式、业务选择、实现路径等，都有可能做调整。调整之后，对于员工的态度、知识和能力，也会提出很大的挑战。员工能否适应环境的变化和组织变革的需求，需要组织提前进行适应性的培养，让他们能够适应变化，能够满足未来组织变革的需要。

素质模型

前面讲过，培训可以处理KSA中的知识（Knowledge）与技能（Skill），但态度（Attitude）呢？

从理论上来讲，人的态度改变的可能性很小，即使改变，也要付出巨大的努力。因此，企业培训就必须将重点放在其应当具备的知识和技能上。同时，企业文化落地往往是一个很大的难题，特别是能够持久、系统地执行，并进行量化考核。如果企业的显性文化和隐性文化不能进行有效考核，不能以此为依据做到奖惩分明，那么"落地"又成了企业经营中一个美好的愿望。员工的学习意愿、接受任务的态度、自我学习反思的速度等这些态度类的反应和指标，以及引领创新、追求卓越等文化类的指标，应如何"落地"并对其进行量化考核呢？

从SOP导出的KSA，K（知识）和S（技能）是岗位人员必须具备的，从组织角度可以通过学习发展来进行"处理"——赋能，而态度则是执行某项具体的SOP时的价值观。因此，这些价值观就是形成全新素质模型的基础。

大卫·麦克里兰的行为访谈法（Behavioral Event Interview，BEI），是通过大量采集高绩效员工的三个故事（成功、失败、成功，犹如一份三明治）的具体细节，捕捉其高绩效动作和其背后所连接的特质，最后形成素质词典。这种方法几十年来非常有效，但费用和成本较高，而且对分析人员的专业度（BEI认证）和专有素质模型数据库等有很高的要求。

基于 GPS-IE® 管理改进系统的素质模型提炼法，是基于标准操作程序，将标准员工的标准素质提炼出来，节省大量的时间和精力，同时也更加精准。由于 SOP 是来源于 GPS-IE® 管理改进系统，因此其从产生就具备了组织目标和业务结果的基因。

有了系统的素质模型，可以将 SOP 和素质模型连接起来，制成清单。在这个清单中，所有的态度类指标（素质项）均来自标准的业务动作，而业务动作是否做了，是显而易见的，评判标准很清晰，因此员工是否具备了某项素质，是可以轻而易举地进行量化考核的。这种方法解决了企业文化长期以来"只能上墙接土，难以落地开花"的难题。

新评鉴中心

前面讲过关于如何用量化指标对员工进行评估的问题，传统的评鉴中心（Assessment Center），心理、性格测试工具较多，但很难与业务进行直接联系，传统上只能提供一些参考指标和数据。而在新的基于 GPS-IE® 理论的人才管理和人才发展系统下，新评鉴中心的工具可以借鉴全新绩效管理™、新的人才培养逻辑系统等的硬性量化指标，同时结合本企业特殊需求，借鉴相关性格和心理测试工具，进行综合评鉴。这种新的评鉴方法更加公平、全面和系统。对于员工升职、干部提拔等具有非常重要的意义。

另外一种情况，有的企业处于初创期，还在为生存打拼，这时候往往强调业务结果，一般不会设立评鉴中心，企业可以直接用量化指标暂时替代类似评鉴中心这样比较综合的考核指标。

后　记

撰写这本书的过程是漫长的。我们两人的个人从业经历非常互补。在国外的学习和工作经历、在国内不同企业的不断探索，从思考培训如何创造真正价值到参考国外的绩效改进，以至于到最后我们将视野完全提升到企业管理的高度，真正站在企业管理者的角度，用系统思考的方法考虑整个组织的发展问题。

这样的思考与多年的探索，以及不同的行业、不同的企业、不同的地域文化、不同的管理和经营问题，使得我们有时候也迷失其中。但我们是幸运的，一个个难题迎刃而解，最终我们找到了这样的管理逻辑，并在多年中在不同的企业付诸实践，在为每家客户带来收益的同时，也获得了几乎所有客户和合作伙伴的认同和认可。在这个过程中，我们也从他们身上学到了宝贵的知识和经验。

"路漫漫其修远兮，吾将上下而求索。"希望这本书仅仅是一个开始。责任感和使命感支撑我们走到了今天，我们将会继续探索，为 GPS-IE® 管理改进系统进一步的完善和推广而努力。我们的最终目标是将这个逻辑性很强的庞大管理系统，用更加简单的方式进行推广，让更多的企业受益，并最终使其能够在大学里成为除 MBA 教育外，更加系统、更易于落地地打造企业领导者和管理者的实战训练体系。

本书属于专业书，专门论述我们在管理改进方面的探索，也是我们经过许多咨询项目和无数次工作坊不断总结提炼出来的。而企业管理方法多种多样，理论和实践更加博大精深，我们只是呈现了自己的探索。对于本书各方面存在

后　记

的不足，我们希望您能不吝批评、匡正。本书的出版得到了电子工业出版社傅豫波女士和晋晶女士的大力支持。没有她们的支持和鼓励，本书难以付梓。此外，还要感谢改进咨询的王成、谢达、黄林、苏鸣、李伟、刘松、闫广玉等同事的支持！

改进咨询

改进咨询是一家为企业提供"战略落地"和"组织绩效改进"服务的创新型管理咨询机构，由上海改进管理咨询有限公司联合改进智能科技公司、安徽改进、黄山改进、大道博一等核心企业构成，专注于打造高绩效组织和人员业绩，以帮助众多企业成功为使命。

改进咨询是国际绩效改进协会（ISPI）、人才发展协会（ATD）的会员单位，是国际培训标准委员会（IBSTPI）的理事单位。

改进咨询联合创始人顾立民先生现担任国际绩效改进协会全球候任主席（2023—2025年），曾担任国际绩效改进协会明尼苏达州分会会长（2001年和2002年），同时还担任国际绩效改进协会中国分会（ISPI-China）的副主席、中国职协绩效改进委员会专家委员；联合创始人丁晖先生从事培训咨询行业超过20年，担任多家企业的绩效改进顾问。基于绩效改进的十大原则和标准，顾立民和丁晖联合开发了GPS-IE® 管理改进系统。

改进咨询的顾问团队全部以研究GPS-IE® 管理改进系统为核心工作内容，立足于国际领先管理改进技术的学习与总结、国内企业绩效改进技术的研究与实践，把国际绩效改进技术与中国企业发展实际相结合，将"绩效改进"系统发展成为"管理改进"系统，真正贯通组织战略设计和落地的全过程，帮助众多企业成长，并受到普遍欢迎。

改进咨询的主要服务形式为企业咨询、内训课程、国际认证、公开课程和管理软件，其核心理念、方法论、案例和数据库均来自对GPS-IE® 管理改进系统的研究和实践。

改进咨询，驱动业绩倍增！

400咨询热线：400-021-6691

反侵权盗版声明

电子工业出版社依法对本作品享有专有出版权。任何未经权利人书面许可，复制、销售或通过信息网络传播本作品的行为；歪曲、篡改、剽窃本作品的行为，均违反《中华人民共和国著作权法》，其行为人应承担相应的民事责任和行政责任，构成犯罪的，将被依法追究刑事责任。

为了维护市场秩序，保护权利人的合法权益，我社将依法查处和打击侵权盗版的单位和个人。欢迎社会各界人士积极举报侵权盗版行为，本社将奖励举报有功人员，并保证举报人的信息不被泄露。

举报电话：（010）88254396；（010）88258888
传　　真：（010）88254397
E-mail：　　dbqq@phei.com.cn
通信地址：北京市万寿路173信箱
　　　　　电子工业出版社总编办公室
邮　　编：100036